세계 평화와 인권의 리더

반기문

반기문

섬앤섬

차례

1장 비둘기 넥타이를 맨 신사
    선학평화상을 받은 최초의 한국인 ·11
    평화, 공존, 환경보호는 이 시대의 과제 ·15

2장 세계를 가슴에 품은 소년
    꿈에 그리던 미국 땅을 밟다 ·21
    내 꿈은 외교관입니다 ·25
    유엔에 탄원서를 보낸 소년 ·31
    영어가 좋아 영어에 미치다 ·37
    마침내 외교관의 꿈을 이루다 ·41

3장 제7대 대한민국 외교 수장이 되다
    스스로 험지에 뛰어들다 ·49
    배움에는 나이가 없다 ·54
    승승장구하던 시절과 호사다마 ·57
    반기문이란 이름을 각인시키다 ·60
    대한민국 외교의 품격을 높이다 ·64

4장 자랑스러운 한국인, 유엔 사무총장이 되다

한국인 유엔 사무총장이 가능할까? ·73
개인의 영광을 넘어 대한민국의 영광 ·77
평화와 번영, 존엄한 세상을 위해 ·85
쌓여 있는 과제들, 풀어야 할 분쟁들 ·91
열정으로 이룬 유엔 개혁 ·94

5장 평화와 인권, 공동번영에 헌신하다

첫 성과 ·105
미얀마의 민주화를 이끌어내다 ·108
아랍의 봄을 지지하다 ·114
코트디부아르의 내란을 종식시키다 ·119
남수단 독립을 지원하고 내전을 끝내다 ·124
코소보 독립을 이끌어내다 ·129
스리랑카, 평화를 되찾다 ·134
양성평등을 위해 노력하다 ·138
가난한 나라의 식량위기를 구호하다 ·148
새로운 유엔이 필요하다 ·152
칠레 대지진의 참상에서 구호에 앞장서다 ·156
파키스탄이 안정을 찾다 ·160
아프리카에 따뜻한 손길을 ·163
이스라엘과 팔레스타인의 화합을 위해 ·166

6장 평화를 위한 두 번째 임기를 시작하다

만장일치로 연임에 성공하다 ·175

중앙아프리카공화국의 내전을 멈추게 하다 ·184

신속한 대응으로 에볼라를 차단하다 ·188

한국인으로서 첫 서울평화상 수상 ·192

시리아의 화학무기를 금지하다 ·196

키프로스의 화합을 위하여 ·201

세계와 미래를 위한 위대한 발걸음, 파리기후협정 ·204

지구의 전환점을 만들다 ·211

이스라엘과 팔레스타인에 평화를 ·219

2030 지속가능개발목표(SDGs) ·225

진정한 '인도주의'의 실천 ·234

평화에 이바지한 10년 ·240

'유엔 아이'의 작별 인사 ·247

7장 평화를 위한 새로운 일

세계는 여전히 그가 필요하다 ·257

푸른 하늘을 되찾기 위해 ·262

함께 가는 길 ·266

인생의 진정한 승자 ·272

2021 Seoul Ban Ki-moon

2020년 선학평화상 특별상 선정 사유 ·279

2020년 선학평화상 특별상 수상 소감 ·280

제8대 유엔 사무총장 취임 연설문 ·287

세계 각 대학에서 받은 명예박사, 상 및 훈장, 인정 ·291

1장

비둘기 넥타이를 맨 신사

선학평화상을 받은 최초의 한국인

아직 2월 초이지만 겨울이 물러간 한반도는 따뜻함이 온 대지를 감싸고 있었다. 온화한 얼굴에 지성을 갖춘 신사가 뚜벅뚜벅 연단에 오르자 사람들의 힘찬 박수가 킨텍스 전시장을 가득 메웠다. 결연한 의지가 엿보이는 신사는 비둘기가 그려진 넥타이를 매고 있었다. 우렁차고 따뜻한 박수소리에 넥타이의 비둘기들이 금방이라도 하늘로 힘차게 날아 오를 것 같았다. 키가 큰 신사는 성큼성큼 걸어 연단 중앙으로 갔다. 세계평화통일가정연합의 한학자 총재가 그를 반갑게 맞았다. 그 옆에는 선학평화상 홍일식 위원장이 기다리고 있었다.

2020년 2월 5일, 경기도 고양시 킨텍스에서 열린 네 번째 선학평화상 시상식은 세계평화통일가정연합을 만든 문선명 총재의 탄신 100주년을 기념하는 자리여서 더욱 특별했다. 게다가 이전 시상에서는 없었던 '특별상'이 제정되어 그 의미를 더했다. 특별상을 받은 사람은 한국인 최초로 유엔 사무총장을 지낸 반기문 총장이었다. 반 총장은 아시아에서 두 번째로 '세계의 대통령'이라 부르는 유엔 사무총장에 선출되었다. 그리고 탁월한 리더십을 발휘하여 유엔을 이끈 공로를 인정받아 수상자에 선정되었다.

반 총장은 10년 동안 유엔 사무총장을 연임하면서 온갖 어려움을 극복하고 지구촌의 평화 증진에 이바지했다. 그것은 인류평화를 위해 평생 헌신해 온 한학자 총재의 오랜 염원에 부응하는 것이었다. 아울러 반 총장의 특별상 수상은 공생·공영·공의를 통한 세계평화 실현이라는 '월드서밋 World Summit 2020'의 개최 이념을 다시 한 번 모두에게 상기시켜주는 역할을 했다.

연단에 오른 그에게 우레 같은 박수가 쏟아졌다. 그러나 세상은 평안하지 못했다. 두어 달 전 정체불명의 바이러스인 코로나19 COVID-19로 인해 전 세계가 공포와 불안과 혼란을 겪는 중이었다. 하지만 시상식장은 공포와 불안은커녕 코로나19를 이겨낼 수 있다는 자신감이 가득했다. 미국, 영국, 일본, 남아공을 비롯한 100여 나라에서 온 사람들은 팬데믹을 뚫고 온 진정한 승리자들이었다. 그 무엇도 그들의 발걸음을 막을 수는 없었다. 코로나19를 뚫고 도착한 사람들은 낯선 사람들과 반갑게 인사를 나누었으며, 서로를 격려하는 마음에는 평화와 용기가 가득했다.

시상식에 참석한 사람들은 모두 반기문 총장을 잘 알고 있었다. 인종이 다르고, 문화가 다르고, 언어가 다르고, 종교가 다르지만 전·현직 국가수반, 국회의원, 종교계·학계·언론계·예술계 관계자 등 킨텍스를 가득 메운 5천여 명은 반기문이 누구인지 설명하지 않아도 그의 이름과 업적을 알고 있었다. 분쟁이 있는 곳, 갈등이 있는 곳, 사람들이 억압 받는 곳, 일촉즉발의 군사적 대치가 있는 곳에는 어김없이 그가 있었기 때문이다.

전쟁을 치른 분단국인 한국이라는 작고 가난한 나라에서 태어났지만 193개 나라를 지휘하는 유엔의 수장이 되어 지구촌에 평화를 증진시키고 화해를 이끌어내고 화합의 정신을 심어준 그의 발자취는 문선명·한학자 총재가 걸어온 길과 같았다. 평화를 위한 그의 헌신을 곡해하거나 외면하는 사람들의 비난에도 결코 흔들리지 않고 묵묵히 헌신의 길을 걸어온 것은 자신의 안위나 명예를 위해서가 아니라 인류의 참된 평화와 행복을 구현하기 위해서였다.

10년의 고된 여정을 마친 반기문 총장은 뜨거운 환영을 받으며 고국으로 돌아왔고, 그 업적을 인정받아 영광스러운 선학평화상 특별상을 수상하였다. 최초의 한국인 유엔 사무총장이라는 쾌거를 이룬 반 총장은 이번에는 한국인 최초로 선학평화상을 수상하는 영광을 누렸다.

평화, 공존, 환경보호는 이 시대의 과제

저는 유엔 사무총장직을 수행하는 10년 동안 파트너십의 힘을 활용하고, 세계 시민 의식을 높이기 위해 노력했습니다. … 모든 세계 시민들의 공통된 운명을 실현하는 것은 우리의 도덕적 의무이자 정치 지도자들의 정치적 의무입니다. 이를 위해서 그리고 여러분들과 더 나은 세계를 만들기 위해서 저는 더 열심히 노력할 것입니다.

반 총장의 겸손하면서도 결연한 수상 소감은 참석자들의 열렬한 환영을 받았다. 수상소감문의 문구 하나하나는 선학평화상에 대한 감사의 글이면서 전 세계에 보내는 메시지이기도 했다.

이 상을 영예롭게 만드신 훌륭한 역대 수상자들의 길을 밟게 되어 영광이면서도 매우 조심스럽습니다. 저는 이 상을 겸허히 받고자 합니다. 이 상은 정말로 지원이 필요한 모든 사람들을 위해 유엔이 더 나은, 더 많은 일을 하기를 바라면서 전 세계 많은 사람을 대신해 선학평화상재단이 주는 매우 명예롭고 특별한 평화상입니다. 이 영예를 혼자서 받게 되어 참으로 조심스럽습니다. 다시 한 번 감사드립니다.

저는 특별히 한학자 총재님께 이 공로를 돌리고 싶습니다. 한 총재님은 오랫동안 세계평화, 세계시민권, 지속가능한 개발 이슈를 지지하는 노력을 해오셨고, 높은 선견지명으로 이 상을 후원하고 계십니다.

또한, 이 기회를 빌려 선학평화상재단의 인상적인 업적과 미래지향적인 비전에 찬사를 보내고 싶습니다. 선학평화상재단은 세계평화와 지속가능한 세계를 향한 길에 꼭 필요한 이해와 협력, 관용을 넓히는 업적을 세우고 있습니다. 평화, 인간개발, 공존, 환경보호의 중요성을 확고히 믿고 있는 선구적인 사람들의 이상理想에 힘을 실어주고자 하는 선학평화상을 수상하게 되어 매우 자랑스럽습니다.

반 총장은 특히 청년들의 역할이 중요하다고 강조했다. "청년들은 유엔 지속가능개발목표$^{Sustainable\ Development\ Goals(SDGs)}$ 달성과 기후변화 대응 그리고 평화 구축 및 갈등 해결 등 세계의 수많은 과제를 해결하는 데 매우 중요한 역할을 하고 있기에 전 지구적 문제를 해결하기 위해서는 청년들과 함께해야 합니다."라고 호소했다. 그의 넥타이에 그려진 푸른색 비둘기는 평화의 길에 동참할 것을 호소하는 그의 말에 깊은 감동을 더해주는 듯했다.

"아내가 골라준 넥타이인데, 평화상을 받을 줄 알고 골랐나 봅니다."

온화한 얼굴에 순박한 미소가 번졌다. 그의 말을 들은 사람들 모두 환하게 웃었다. 포탄이 난무하는 갈등의 땅을 누빈 사람답지 않게 그는 여전히 순수함을 간직하고 있었다. 그 순수함과 열정이 유엔 사무총장을 연임하게 한 저력이었을 것이다.

"이 넥타이는 유엔의 상징입니다. 저는 매해 9월 21일 '유엔 국제평화의 날'에 이 넥타이를 매왔습니다. 신사 숙녀 여러분,

우리 모두 함께 이 세상에 평화를 실현하기 위해 일합시다."

그의 말이 끝나자 다시 한 번 큰 박수가 쏟아졌다. 그동안 유엔 사무총장으로 일하면서 연설을 한 후 수많은 박수갈채를 받은 반 총장이었지만 고국에서 받은 선학평화상 특별상과 100여 나라 사람들의 박수는 그 의미가 더욱 깊었다. 퇴임 후에 맡은 국가기후환경회의 위원장으로서의 발걸음에도 큰 힘이 될 것이 분명했다.

2장

세계를 가슴에 품은 소년

꿈에 그리던 미국 땅을 밟다

아름드리 느티나무와 버드나무 잎들이 점차 푸르러가던 1961년 봄 어느 날, 충북 충주고등학교 김성태 선생님은 2학년 반 기문 학생을 교무실로 불렀다. 쉬는 시간에도 영어공부를 하던 기문은 책을 그대로 펼쳐놓은 채 교무실로 갔다. 선생님의 얼굴에는 기대에 섞인 믿음과 더불어 희미한 우려가 묻어났다.

"미국에 가보고 싶지 않니?"

기문은 순간 당혹스러웠다. 갑자기 미국이라는 말을 듣고 당황했지만 미국이라는 나라가 낯설어서는 아니었다. 중학교 1

학년 때 처음 알파벳을 접하고 영어를 배우면서부터 언젠가는 반드시 미국에 가보리라는 꿈을 품고 있었기 때문이다. 기문은 조심스레 되물었다.

"…미국을 …어떻게요?"

"미국 적십자사에서 해마다 세계 각국의 청소년들을 초청하는 연수 프로그램이 있단다. '비스타^{VISTA}'라고 하지."

선생님은 영어로 된 팸플릿을 기문 앞에 놓았다. Visit of International Student to America라는 영어 글자가 눈에 들어왔다. 영어로 된 팸플릿을 보자 갑자기 '도전하고 싶다'는 강렬한 의욕이 솟으며, 여러 생각이 머리를 스쳤다. 내년이면 고3이었다. 대학입시 준비를 해야 했다. 넉넉지 못한 가정형편도 걱정이었다. 하지만 도전할 가치가 충분히 있다고 생각했다.

몇달 후 기문은 충청도 대표로 뽑혀 서울로 가서 시험을 치렀고, 수석을 차지했다. 서울과 부산, 대전, 광주 등지에서 올라온 쟁쟁한 수재들을 물리치고 1등을 한 것이다. 충주 시내에 그 소식이 알려지자 사람들은 모두 놀랐다. 집안이 넉넉지 않아 부모님을 도와 돼지 키우는 일을 하며 학교를 다니던 반기문 학생의 성실함과 학업 능력에 모두들 칭찬을 아끼지 않았다.

1962년 여름방학이 시작되었을 때 고교 3년생 반기문을 포함하여 4명의 학생은 미국행 비행기에 올랐다. 기문이 태어나서 처음 타보는 비행기였고, 처음으로 가보는 해외여행이었다. 떨리는 가슴으로 처음으로 비행기 트랩을 밟을 때만 해도 기문은 훗날 자신이 수없이 비행기를 타고 전 세계 거의 모든 나라를 순방하리라고는 꿈에도 생각하지 않았다. 다만 미국의 문물을 직접 확인하고, 여러 나라 학생들을 만나 새로운 것을 배우고 한국을 알리는 일에 충실하리라고 다짐했다. 어머니가 어렵게 마련해주신 30달러가 호주머니 안쪽 깊숙이 들어 있었다. 30달러는 쌀 두 가마니 값으로 어머니가 그 돈을 마련하느라 얼마나 고생하셨을까 생각하면 눈물이 핑 돌았다.

기문이 미국으로 출발하기 전 충주 청소년적십자단[Red Cross Youth(RCY)]이 주최한 환송회는 감격의 자리였다. 단정하게 교복을 입고 참석한 남녀 학생들은 기문의 미국 출정을 뜨겁게 축하해주었다. 여학생들은 세계 여러 나라 학생들에게 선물로 줄 복주머니를 한 보따리 안겨주었다. 여학생들은 자신들이 정성껏 만든 복주머니를 받은 다른 나라 학생들이 이제 대한민국이 더 이상 가난한 나라가 아니라 유구한 역사와 문화전통을 자랑하는 나라, 새롭게 발전하는 나라라는 것을 기억해주기를 바랐다.

내 꿈은 외교관입니다

미국에서 지낸 한 달은 새로운 미래를 향해 나아가는 발돋움이 되었다. 43개 나라에서 온 117명의 남녀 학생은 미국인 가정에서 지내면서 미국이란 나라를 배우고, 탐방하는 뜻 깊은 시간을 가졌다. 기문은 샌프란시스코 인근에 있는 마린카운티^{Marin County}의 중학교 교장인 로버트 패터슨^{Robert A. Patterson} 선생님 댁에서 지냈다. 온후하고 지적인 교육자 집에서 한 가족처럼 생활하면서 영어뿐만 아니라 서구인의 합리적인 사고방식과 생활방식을 자연스레 배웠다. 긍정적 생활태도, 가정을 가장 소중하게 생각하며 어린이를 존중하는 태도 등 여러 가지 중요한 가치들을 배울 수 있었다. 그 가운데에는 한국에서도 필요하고 유용

한 것들도 있었지만 한국의 전통문화에 비추어 낯설거나 약간 곤란한 것들도 있다는 것을 알았다.

기문은 농장을 경영하는 본 바레트의 집에서도 잠시 생활했다. 미국의 농업은 한국과 비교할 수 없을 정도로 규모가 컸고, 대부분 기계화된 영농이었다. 기문은 그 모습을 보면서 아직 전기조차 들어가지 않는 농촌이 많은 한국이 어떻게 하면 모든 분야에서 발전할 수 있을까를 깊이 생각했다. 또 아시아를 비롯하여 유럽, 남미, 아프리카에서 온 학생들과 교류를 통해 세계적인 마인드를 키워나갔다. 미국에서 연수하는 동안 놀라움과 기쁨, 보람도 많았으나 당혹스러울 때도 적지 않았다. 한국이 어떤 나라인지 아는 것은 고사하고 한국이라는 나라 자체를 모르는 사람들도 많았다.

"Where is Korea?"

한국을 전혀 몰라 이렇게 묻는 사람들에게 한국이 어디에 있으며 어떤 나라인지 설명을 해주어야 하는 일이 여러 번이었다. 심지어 이렇게 묻는 사람도 있었다.

"Is there any University in your country?"

참을성 많은 기문도 이런 질문을 받으면 가슴이 울컥했다. 일찍이 4세기 고구려 소수림왕 때 태학이라는 교육기관을 설립하여 학문을 가르치고 찬란한 문화를 꽃피운 나라이지만 그 전통을 잇지 못하고 약소국이 된 조국의 현실이 마음 아팠다. 기문은 사람들이 한국에 대해 가진 잘못된 인식을 바로잡고 나라가 더욱 발전해야 한다는 것을 가슴에 깊이 새겼다. 이런 경험이 있었기에 기문은 존 F. 케네디 대통령을 만난 자리에서 당당하게 장래 외교관이 되겠다는 결심을 밝힌 것이다.

미국 중산층 가정에서의 일상생활, 다른 나라 학생들과의 교유, 영어공부, 봉사활동, 탐방 등 모든 것이 뜻 깊은 일이었으나 가장 가슴 설레는 일은 백악관 방문이었다. 기문뿐만 아니라 다른 학생들 모두 마찬가지였다. 정열적인 케네디 대통령은 바쁜 와중에도 잠깐 시간을 내 방문한 학생들에게 이야기 했다. '적십자의 정신으로 저마다의 나라 발전을 위해 청소년 여러분이 노력해달라'는 당부였다. 기문은 '뉴 프런티어New Frontier' 정신을 지닌 케네디와 악수를 해보려 했으나 뜻대로 되지 않았다. 앞줄에 앉은 학생들은 전부 여학생이었고, 여러 카메라들이 사진을 찍어 댔지만 자신의 얼굴이 케네디와 함께 나오기는 힘들어 보였다.

그런 기문의 마음을 알았는지 케네디 대통령은 기문이 들고 있는 팸플릿에 사인을 해주었다. 그것을 본 다른 학생들이 모두 기문의 팸플릿을 돌려보다가 사인이 지워지고 말았다. 고국에 돌아가 친구들에게 케네디가 사인해준 팸플릿을 보여주려던 기문은 힘이 빠졌지만, 그날 케네디가 한 이야기 속에는 가슴 깊이 남는 말이 있었다.

"두 나라 정부가 잘 지내기는 어렵지만, 두 나라 사람들은 잘 지낼 수 있고 친구가 될 수 있습니다. 우리가 서로 도움의 손길을 건넬 의지만 있다면 국경은 아무런 방해가 되지 않습니다."

케네디의 이 말은 기문에게 미래의 이정표가 되었다. 다른 나라 사람들이 서로 친구가 될 수 있다면 그 마인드로 모든 정부도 잘 지낼 수 있을 것 아닌가! 그때 뜻밖에도 케네디가 기문에게 질문을 했다.

"학생의 장래 희망은 무엇인가요?"

질문을 받자마자 기문은 힘차게 대답했다.

"외교관입니다."

케네디는 왜 수많은 학생 가운데 기문에게 질문을 했을까? 기문은 키가 크기는 했지만 눈에 확 띄는 멋진 소년은 아니었다. 오히려 약간 밋밋한 얼굴이어서 눈에 띄지 않는 편이었다. 어쩌면 케네디는 그 순간 이 소년이 훗날 세계를 위해 큰 활동을 하리라고 예감했는지도 모른다. 그리고 8년 후 기문은 자신의 말대로 외교관이 되었고, 세상을 위해 많은 일들을 해나갔다.

유엔에 탄원서를 보낸 소년

기문의 어머니는 기문을 낳기 전 아들 하나와 딸을 낳았지만 모두 두 살을 넘기지 못하고 세상을 떠났다. 부모로서 그보다 더 가슴 아픈 일은 세상에 없다. 그래서 세 번째 아기를 가졌을 때 모든 친지들과 마을 사람들은 이번 아기는 무사히 잘 태어나기를 간절히 기도했다. 어느 날 어머니는 이웃동네에 사는 친척집에서 돌아오는 길에 커다란 호두나무가 저만치 서 있는 것을 보았다. 나뭇가지에 탐스러운 호두가 주렁주렁 열려 있었다.

호두를 따려고 고개를 들어보니 나무 꼭대기에 앉아 있는 꿩 한 마리가 보였다. 호두보다는 꿩이 낫겠다 싶어 꿩을 잡아 발목에 끈을 매달아 집으로 데리고 왔다. 꿩은 방 안에서 날갯

짓을 하며 날아다녔다. 그 날갯짓에 문득 깨어보니 꿈이었다.

"필시 태몽일 게요."

"꿩을 잡았으니 이번에 태어날 아기는 무럭무럭 자라 훗날 큰 인물이 될 것이오."

사람들은 이구동성으로 좋은 꿈이라 일러주었다. 얼마 후 한여름에 어머니는 친척집에 가 일을 도와주다가 갑자기 태기가 있어 부랴부랴 집으로 돌아와 아기를 낳았다. 튼튼하게 태어난 아기는 아들이었다. 아버지 반명환潘明煥과 어머니 신현순은 첫 아이 이름을 기문基文이라 지었다. 그날이 1944년 6월 13일, 화요일이었다. 아직 한국이 제국주의 일본의 식민지에서 벗어나기 전, 한국인의 고통이 극에 달하던 시기였다.

어머니의 고향은 충청북도 괴산 증평이었다. 몇해 전 남편의 고향인 충북 음성으로 시집 와 신접살림을 차렸다. 남편이 태어난 충북 음성의 동네는 광주 반씨光州 潘氏들이 모여 사는 집성촌이었다. 특히 장절공壯節公 행치파杏峙派 사람들이 농사를 짓고 살았기에 행치마을이라고 불렀다. 선조 반석평潘碩枰은 조선시대에

예조참판과 전라도·경상도·평안도 관찰사를 거쳐 공조참판, 동지중추부사, 형조참판, 한성부 판윤과 형조판서, 지중추부사 등을 지낸 대신이었다. 조선왕조에서 8도의 관찰사를 모두 지낸 인물은 두 사람뿐인데, 그 가운데 한 명이 반석평이다. 아울러 5도 병사^{兵使}까지도 역임한 능력 있는 선비이자 청백리였다.

선조들의 정신을 이어받아 행치마을 사람들은 부지런하면서도 정직했다. 행치마을은 언제나 평화롭고 아름다운 정이 넘쳤다. 기문의 3칸 초가집 앞에는 작은 개울이 흐르고 그 옆에는 커다란 은행나무가 있었다. 저 멀리 3개의 봉우리로 이루어진 조덕산이 마을을 품고 있었다. 방문을 열고 마루로 나오면 언제나 아름다운 풍광이 펼쳐졌다. 그러나 마을 사람들은 모두 어렵게 살았다. 충청북도는 바다가 없는 곳인데다 음성에는 드넓은 평야도 없는, 식민지 조선에서도 외지고 깊은 산골 마을이었다. 더구나 일제강점기 말기에 일본의 악랄한 징용과 공출은 사람들의 삶을 피폐하게 만들었다. 벼농사를 지었지만 쌀밥을 먹는 농민은 아무도 없었다. 그나마 기문의 집은 아버지의 노력과 어머니의 근면함으로 그럭저럭 먹고 살 수는 있었다.

기문의 아버지 반명환은 일제강점기에 충북의 명문고 가운데 하나인 충주농업고등학교를 수석으로 졸업한 인재였다. 당시 고교 졸업은 지금의 4년제 대학 졸업보다 더 크게 인정 받아 사회의 지식인으로 인정받았다. 반명환은 졸업 후 탄광 개발을 하고 밀가루 등을 생산하는 제법 큰 기업인 충북산업에 취업했다. 월급도 비교적 많아서 가족이 먹고 살기에 부족하지 않았다. 기문이 태어난 다음 해, 드디어 일제는 패망했고 모든 한국인이 꿈에서도 그리던 광복이 찾아왔다.

반명환은 더욱 바빠졌다. 공장에서 생산되는 제품의 유통을 맡고 있었기에 이곳저곳으로 전근이 잦았다. 기문이 태어난 지 한 달이 조금 지나 행치마을을 떠나 충주 시내로 이사했고, 1946년 봄 기문의 가족은 청주에 자리를 잡았다. 광복 후 한국은 새로운 나라 건설을 위한 열정이 넘쳐났지만 혼란스러운 상황 또한 계속되었다.

기문은 무럭무럭 자라 8살이 되자 국민학교에 들어갔다. 그러나 학교에 입학하자마자 아버지가 충주로 발령이 나 다시 충주로 거처를 옮겼다. 아버지는 기문을 어느 학교로 전학 보낼까 고심하다가 1896년에 설립되어 역사가 오래된 교현국민학교에 보냈다. 그러나 1년 전에 발발한 한국전쟁으로 인해 나라 곳곳이 파괴되었고 교육 상황은 말이 아니었다. 그럼에도 사람들은 어떤 상황에서도 배워야 한다는 생각이 강해서 자식들을 모두

학교로 보냈다. 대부분의 교실은 폭탄을 맞아 온데간데없이 사라졌지만 천막 안에서, 기차 화물칸에서, 때로는 읍사무소에서 수업이 진행되었다. 교현국민학교는 전교생이 모두 2000명이 넘어 배움의 열망이 드높은 곳으로 이름이 높았다.

기문은 전학을 간 학교에서 '공부벌레'라는 별명을 얻을 정도로 공부를 열심히 했다. 그런 기문에게 가장 어려운 것은 운동이었다. 운동 빼고는 모든 것에 자신이 있었다. 당시는 학교에서 주산을 배웠는데 기문도 열심히 주산을 배웠다. 6학년 어느 날 학교에서 주산을 가장 잘 두는 친구와 시합을 벌였으나 지고 말았다. 하지만 그 다음 날 도전해서 승부를 다시 겨루었다. 결국 기문이 승리해 학교 대표가 되어 '충북도지사상타기 주산대회'에 나가는 영광을 안았다.

1956년, 저 멀리 동유럽의 헝가리에서 민주화 봉기가 일어났다. 소련군은 헝가리 국민의 민주화 봉기를 막으려고 탱크를 몰고 침입했으며, 이 사건은 당시 세계에 어두운 그림자를 던졌다. 기문은 13세의 어린 나이였으나 그런 일이 일어나서는 안 된다고 생각했다. 자신이 무엇을 할 수 있을까 고심하다가 유엔 사무총장에게 편지를 보내기로 했다.

"헝가리 국민이 자유를 위해 공산주의에 맞서 싸우고 있습니다. 세계 평화를 위해 일하는 유엔에서 그들을 도와야 합니다."

 소년 반기문은 다그 함마르셸드 유엔 사무총장에게 보낼 편지에 이렇게 썼다. 이 편지가 실제 유엔 총장에게 전해지지는 못했지만 소년 반기문이 유엔과 개인적으로 첫 인연을 맺는 사건이었다.

영어가 좋아 영어에 미치다

1957년 기문은 충주중학교에 입학했다. 당시에는 사범계 고등학교가 있어 졸업하면 바로 교사가 될 수 있었다. 산업을 발전시켜 경제를 부흥시키려면 교육이 중요했기 때문이다. 아버지는 공부 잘하는 큰아들이 교사라는 안정적인 직업을 갖기를 원했으나 기문은 일반 고등학교를 졸업한 뒤 대학에 가고 싶은 욕망이 더 컸다. 검정 교복을 입고 학교에 다니는 기문은 공부도 제일 잘했지만 리더십이 강해 국민학교 때처럼 반장을 맡아 학급을 이끌었다. 가장 흥분되고 신기한 것은 한글이 아닌 다른 나라 말, 즉 영어를 배운다는 사실이었다. 기문은 모든 과목을 열심히 공부했지만 그 가운데에서도 영어를 특히 좋아했다. 펜

촉에 파란 잉크를 찍어 알파벳을 수십 번씩 쓰는 것이 힘들기는커녕 새로운 세계로 들어가는 마법의 문과도 같이 재미있고 즐거웠다. 겨울방학이 되면 새로 받은 다음 학년 영어 교과서를 혼자서 공부할 정도로 영어를 잘하고 좋아했다. 기문은 중학교 3학년 겨울방학이 되자 그동안 모은 용돈을 모두 털어 〈TIME〉을 구해 읽기 시작했다. 그러나 〈TIME〉은 일반 미국인조차 읽기 어려운 시사주간지였다. 기문은 인내심을 가지고 차근차근 읽어가면서 수준 높은 영어를 조금씩 익혀 나갔다.

〈TIME〉을 읽으면서 영어 실력만 향상된 것이 아니었다. 미국의 정치, 경제, 사회, 문화뿐만 아니라 미국과 소련의 대립, 두 나라를 중심으로 한 국제정세를 파악할 수 있는 안목이 생겼다. 세계를 위해 일하는 반기문의 역량은 어찌 보면 〈TIME〉을 읽던 중학교 3학년 때 그 기초가 마련된 것이라고 할 수 있다.

1960년 충주고등학교에 입학하자 선생님들은 기문에 대한 기대가 컸다. 중학교 때부터 기문은 공부를 잘하는 학생으로 소문이 났기에 장차 학교를 빛낼 인재가 들어왔다고 모두 반가워했다. 기문의 영어 실력을 눈여겨보던 영어 선생님은 기문에게 영어 듣기 교재를 만들어보자는 특별 제안을 했다. 1970년대 중반까지만 해도 중·고등학교 영어 수업은 교과서 위주의 단어, 문법, 독해 위주였고, 미국인과 대화할 수 있는 영어회화를 배울 방법이 거의 없었다. 기문은 며칠 동안 듣기 교재를 어떻게 만들 것인지 고민했다.

충주에는 특별한 공장 하나가 있었는데, 바로 1959년에 세워진 충주비료공장이었다. 한국에 처음 설립된 대규모 현대식 비료공장인 충주비료공장은 우리나라 농업 발전에 획기적인 역할을 한 곳으로, 당시 그 공장에는 미국인 기술자들이 여러 명 일하고 있었다. 기문은 듣기 교재를 만들기 위해 공장 근처에 있는 미국인 기술자 사택을 돌아다니면서 미국인에게 말을 걸었지만 번번이 퇴짜를 맞았다. 그러다가 한 미국인 기술자 부인의 도움을 받아 듣기 교재를 만드는 데 성공했다. 미국인이 직접 우리나라 영어교과서를 읽는 것을 녹음한 것이다. 기문의 이런 노력 덕분에 충주고등학교 학생들은 원어민의 발음을 직접 들으면서 영어를 공부할 수 있었다.

그 미국인 부인의 도움으로 기문은 또 다른 미국인 부인에게서 영어 공부를 할 수 있었다. 어느 날 미국인 영어선생님은 기문에게 〈일곱 난장이와 백설공주〉를 직접 영어로 읽어주었다. 이미 알고 있는 이야기이지만 영어로 들으니 느낌이 전혀 달랐다. 이렇게 미국인에게 직접 영어를 배우면서 기문의 영어 실력은 일취월장하게 되었다.

특히 기문의 2학년 때 담임이었던 김성태 영어 선생님은 기문의 영어실력 향상을 위해 여러 가지 면에서 도움을 주었다. 또 공부를 열심히 하면서 봉사활동에도 참여할 수 있도록 청소년적십자단^{RCY} 가입을 독려해 기문이 훗날 외교관의 꿈을 갖도록 이끌어주었다. 김성태 선생님의 격려에 힘입어 비스타 학생으로 뽑혀 한 달간 미국 연수를 한 것은 훗날 기문이 자신의 활동무대를 전 세계로 넓혀나가는 데 커다란 계기가 되었다.

마침내 외교관의 꿈을 이루다

고등학교 3학년이 되자 기문의 아버지는 아들에게 의과대학 입학을 권했다. 할아버지 반병석(潘柄奭)이 평생 한약방을 운영해왔기 때문이었다. 할아버지의 뒤를 이어 기문이 의사가 된다면 의사가문(醫家)으로 명성을 얻을 수 있을 것이라 생각한 것이다. 그러나 기문의 생각은 아버지와는 달랐다. 기문의 성적으로 대학 입학은 어렵지 않았으나 아버지의 뜻대로 의대를 가고 싶지가 않았던 것이다. 케네디를 만난 자리에서 '장래 꿈이 외교관'이라고 말한 것은 즉흥적으로 튀어나온 대답이 아니었다.

하지만 기문이 중학교 3학년 때부터 가세가 기울어지기 시작해 집안 형편이 좋은 편이 아니었다. 마음이 너그러운 아버지와 어머니가 어려운 사람들의 청을 거절하지 못한 것이 화근이었다. "반씨네 집에 가서 부탁하면 다 들어준다"는 말이 있을 정도였다. 회사를 퇴직하고 창고업을 하던 아버지는 사람들이 몰래 창고에 들어가 쌀을 훔치는 것을 알면서도 눈감아 주었다. 아버지의 인정 많은 성격으로 결국에는 큰 사달이 나고 말았다. 아버지 곁에서 1년 가까이 일하던 지인이 사업자금으로 큰돈을 받아 가지고 사라진 것이었다. 뒷수습을 하기 위해 땅도 팔고 재산도 일부 정리해야 했으며, 어머니는 충주비료공장에 노무자로 취업해 돈을 벌어야 하는 상황에 내몰렸다. 기문은 그 모습을 보면서 동생들을 다독이며 집안 일을 해나갔다. 매일 청소도 하고, 겨울에는 장작 패는 일도 했다.

하루는 어머니가 새끼 돼지 3마리를 집으로 몰고 오더니, 아들 삼형제에게 한 마리씩 주었다. 각자 돼지 한 마리씩 맡아 기르게 하여 근면성을 길러주는 동시에 학비에 보태게 할 요량이었다. 어린 3형제에게 돼지 치는 일은 힘든 노동이었다. 짚을 자주 갈아주어야 했고, 배설물도 수시로 치워야 했다. 기문 3형제는 학교에서 돌아오면 커다란 양은통을 들고 충주 시내의 음식점과 동네를 돌아다니며 돼지가 먹을 음식찌꺼기를 모아왔다. 동네 사람들은 기문 형제들을 기특하게 생각해 음식찌꺼기

를 내어주며 대신 돼지똥을 받기도 했다.

기문이 미국 연수 학생으로 선발되자 동네 사람들은 공부를 잘하는 줄은 알고 있었지만 나라에서 뽑혀 미국까지 간다는 사실에 깜짝 놀랐다. '돼지 치는 반씨네 큰아들이 미국에 간다'는 소문은 온 마을을 들썩이게 했다. 학업과 집안 일을 병행하면서도 기문은 공부에 충실해 1963년 3월, 서울대학교 외교학과에 입학했다. 외교관이 되겠노라고 케네디 앞에서 말했던 포부에 한 발짝 더 가까이 다가선 것이다.

서울에서 보내는 대학생활은 처음에는 낯설고 경제적으로 힘들었으나 학업에 대한 열정과 미래의 삶을 진지하게 생각하며 보람 있게 보냈다. 당시 서울대학교는 동숭동과 연건동 캠퍼스에 인문계열과 의학계열이, 농대는 수원 캠퍼스에, 공대는 공릉동 캠퍼스에 있었다. 동숭동 캠퍼스는 낭만과 열정이 넘치는 곳이었다. 기문은 학과 친구들, 고향 친구들과 어울리고 때로는 동갑내기 유순택과 데이트도 했다.

순택은 기문이 미국에 가기 전에 만났다. 충주여고 학생회장이었던 순택은 청소년적십자단원으로 활동했는데, 미국인들에게 선물로 줄 복주머니를 만들어 기문에게 전해준 인연이 있었다. 순택은 흑석동에 있는 중앙대에 다녔는데 서울에서 다시

기문과 만나 연인 사이로 발전했다. 대학생활이 늘 낭만적인 것만은 아니었다. 충주에서 자식을 서울에 있는 대학에 보내려면 부모의 헌신적인 뒷바라지가 필요했다. 게다가 아직 어린 동생들도 가르쳐야 했다. 그 사실을 잘 아는 기문은 돈을 벌기 위해 입주과외를 시작했다. 뛰어난 실력에 성실하게 가르쳤기에 기문은 오랫동안 입주과외를 할 수 있었다.

그렇게 돈을 벌면서 대학에서 공부하던 기문은 학군사관 ROTC 모집에 합격했으나 1965년 사병으로 육군에 입대해 1967년 병장으로 만기 전역했다. 서울대 재학생이라는 점과 영어를 잘한다는 것을 인정받아 군생활에서도 비슷한 일들이 기문에게 부여되었다.

외무고시는 제3공화국 시기인 1968년에 처음 만들어졌다. 기문이 군대를 마치고 3학년으로 복학했을 때는 이미 외무고시가 2번이나 실시되었다. 당시 공무원은 1급~5급까지 있었는데 외무고시에 합격하면 3급 공무원으로 임용되었다. 그런 만큼 10명 안팎을 뽑는 외무고시에는 전국에서 내로라하는 수백 명의 인재들이 몰려들었다.

외교관을 꿈꾸었던 기문은 외무고시를 통과하기 위해 밤낮으로 도서관에서 공부했다. 그리고 마침내 1970년 2월 대학 졸업과 동시에 제3회 외무고시에 2등으로 합격했다. 국민학교 시절부터 1등만 해왔기에 주변 사람들은 다소 의외로 받아들였지만, 기문은 그 사실을 겸허하게 받아들였다. 이 세상에는 나보다 더 뛰어나고 더 노력하는 사람이 많다는 것을 가슴에 새겼다. 기문은 고시 합격자들을 대상으로 한 연수원 교육에서 열심히 공부하여 1등으로 마쳤다. 마침내 이룬 외교관이라는 자신의 꿈이 앞으로 어떻게 펼쳐질지 기문도 그때는 알지 못했다.

3장

제7대 대한민국 외교 수장이 되다

스스로 험지에 뛰어들다

1970년은 정부에서 야심차게 추진해온 '제2차 경제개발 5개년 계획'이 4년째 접어들던 해로, 그해부터 기문은 외교부에서 일하기 시작했다. 당시는 한국 경제가 연평균 10%정도씩 쑥쑥 성장하던 시기로 나라 살림과 국민 살림 모두가 나날이 좋아지고 있었다. 그만큼 한국의 대외 이미지도 개선되어 나갔다. 외교부 직원으로 바쁘게 생활하던 이듬해 기문은 결혼을 결심했다. 신부는 대학을 졸업하고 사서로 일하던 고향친구 유순택이었다. 두 사람 모두 결혼 적령기인 28세로, 둘 다 안정적인 직장이 있었지만 일을 시작한 지 얼마 되지 않았기에 모아둔 돈이 많지 않아서 흑석동에 단칸방을 얻었다. 화장실이 변변치 않아 밤에 사용할 요강 하나와 새 이불, 철제 캐비닛과 부엌용품 몇 개가 신혼살림의 전부였다. 좁은 좌식 부엌에서 연탄으로 밥을 해먹었고 때로는 석유곤로도 사용했는데, 기문이 해외로 발령 나면서 가난하던 신혼생활도 끝났다.

기문은 연수원을 1등으로 마쳤기에 미국이 근무지 1순위였고, 영국이나 일본도 본인이 원하면 갈 수 있었다. 그러나 기문은 뜻밖에도 인도를 택했다. 그때만 해도 인도는 국제무대에서 큰 주목을 받지 못했으며 한국과 교역도 별로 없던 가난한 나라였다. 사람들은 의아해 했고 급기야 외교부 감사관이 기문을 호출하는 사태까지 벌어졌다. 어떤 부당한 압력으로 잘못 발령 난 것이 아닌가 의심이 들어서였다.

"인도는 제가 지원했습니다. 보내주시면 성실히 일하겠습니다. 미국이나 다른 국가는 차후에 근무할 수 있는 여건이 되리라 생각합니다."

기문도 미국이나 영국 등 선진국에서 외교관으로서 첫 발을 내딛고 싶었으나 주어진 과제가 있었다. 충주에서 전세살이를 하면서 어렵게 살아가는 부모님에게 도움을 드려야 했고, 동생들이 학비 걱정 없이 열심히 공부만 할 수 있는 환경을 만들어주어야 했다. 그렇게 하기 위해서는 돈이 필요했는데, 당시 빠듯한 공무원 월급으로 미국에서 생활한다면 저축은 꿈도 꾸지 못할 것이었다. 물가가 저렴한 나라라면 돈을 모으는 것이 가능했기에 고심 끝에 인도를 택했다. 기문의 그런 선택은 집안을 우선 책임지는 한국 사회 장남의 모습이었다.

훗날 유엔 사무총장에 선출된 후 한 언론과 인터뷰에서 반기문은 외교관으로서의 삶은 무엇인가에 대해 이렇게 들려주었다.

"외교에서 가장 중요한 것은 자기를 신뢰하고 있다는 것을 상대방이 느낄 수 있도록 하는 점입니다. 모든 일을 투명하게 처리하고 신뢰를 줄 수 있는 것이 중요합니다. 내가 외교관으로 일하면서 지킨 원칙은 바로 신뢰를 받을 수 있는 삶을 살아야 한다는 것이었습니다. 개인생활도 마찬가지입니다. 특히 국가나 국제기구를 대표해 일을 할 때는 같이 일할 상대가 아주 다양한데, 이럴 때 가장 중요한 것이 같이 일하는 사람들로부터 신뢰를 받을 수 있어야 한다는 점입니다. 저는 평생 상대에게 신뢰받을 수 있도록 살아왔는데 그것이 유엔 사무총장 선거에서도 큰 역할을 했다고 봅니다."

'타인에게 신뢰를 받는' 것은 말은 쉽지만 실천은 대단히 어려운 일이다. 그러나 반기문은 35년 동안 만나는 사람이나 같이 일하는 사람들에게 신뢰받을 수 있는 삶을 실천했다. 1972년 기문은 드디어 첫 임지인 인도로 갔다. 고3 때 미국을 방문한 이후 두 번째 타는 비행기였는데, 다른 점은 아내와 가족이 함께 한다는 점이었다. 인도는 정말 낯선 나라였다. 언어, 풍습, 종교, 기후, 사회제도 등 모든 것이 한국과 달라도 너무 달랐다. 단단한 결심을 하고 갔음에도 한국 못지않게 가난한 나라에서의 삶은 생각보다 어려웠다. 그러나 인도에서 기문은 평생의 멘토가 되는 한 사람을 만났다. 바로 총영사 노신영盧信永이었다. 당시 한국과 인도는 정식으로 외교관계를 맺기 전이어서 대사관은 없었으며 총영사관이 양국 업무를 처리했다. 노신영 총영사는 젊은 반기문을 적극적으로 도와주고 일을 가르쳐주었다. 학식이 풍부할 뿐 아니라 성실한 기문은 곧 총영사관에서 손꼽는 일꾼이 되어 외교업무를 빈틈없이 처리했고, 온갖 일을 도맡아 했다.

흔히 외국 대사관에 근무하는 외교관은 멋진 넥타이에 고급 양복을 입고 만년필을 돌리면서 영어로 작성된 서류에 사인을 하는 모습으로 그려지지만 실제는 그렇지 않다. 때로는 사환이 되어야 했고, 때로는 상담사가 되어야 했고, 때로는 협상가가 되어야 했다. 인도 총영사관은 1973년 대사관으로 승격했고 같은 해 우리나라는 방글라데시, 아프가니스탄과도 외교관계를 수립했는데, 그 외교현장에는 언제나 노신영과 반기문이 있었다.

배움에는 나이가 없다

인도에서 7년을 일한 뒤 미국으로 발령이 났다. 미국은 외교관이라면 누구나 한번쯤 근무해보고 싶은 곳이다. 기문은 뉴욕의 유엔본부에서 1등 서기관으로 일했다. 당시는 남북한 모두 유엔 회원국이 아니었기에 세계무대에서 서로 외교 경쟁이 치열했다. 기문은 미국에서 일하게 된 것도, 유엔에서 조국을 위해 일하게 된 것도 모두 기뻤다. 유엔본부에는 많은 나라 사람들이 모여 일하기에 언제나 정신을 바짝 차리고 일하지 않으면 안 되었다.

미국에서 일하면서 기문은 자신에게 부족한 점을 하나 발견했다. 바로 프랑스어였다. 외교관으로서 영어는 당연히 능숙하게 구사했지만 외교 무대에서 프랑스어를 하지 못하면 훌륭한 외교관이 될 수 없다는 사실을 깨달은 것이다. 기문은 어찌할까 고민하다가 점심시간을 이용해 프랑스어를 공부하기 시작했다. 언어에 타고난 감각이 있는 데다 워낙 열심히 공부했기에 몇 개월 후에는 프랑스어로 막힘없이 대화를 할 만큼 실력이 늘었다. 목표를 설정하면 반드시 이루는 집념은 나이와는 아무런 관계가 없었다. 그때 배운 프랑스어는 훗날 자크 시라크 프랑스 대통령과 만나는 자리에서 큰 도움이 되었고, 유엔 사무총장 선거에서도 큰 힘이 되었다.

배움에 대한 열망으로 가득 찬 기문에게 또 다른 기회가 왔다. 1983년 미국 유학을 갈 기회가 생긴 것이다. 그는 망설이지 않고 하버드 케네디스쿨Kennedy School of Government을 선택했다. 공공정책 전문대학원인 하버디 케네디스쿨은 전 세계의 정치인, 고위 관리, 경제계 리더들에게 선망의 학교였다. 케네디스쿨을 선택한 것은 청소년 시절 백악관에서 만났던 케네디 대통령에 대한 추억도 한몫을 했다.

기문은 곧 아내와 아이 셋을 데리고 보스턴으로 이사했다. 다시 공부를 한다는 설렘도 잠시, 케네디스쿨은 입학도 어렵지만 졸업은 더 어려웠다. 밤낮으로 공부하고, 과제를 제출하고,

수업 중 열띤 토론을 벌이는 살인적인 학업 스케줄이 이어졌다. 좋아하는 공부만 할 수 있으면 좋으련만 기문에게는 또 다른 일이 있었다. 보스턴에는 하버드를 비롯해 MIT 등 명문대학이 많아, 한국 유학생들도 많았고 교민도 적지 않았다. 당시 국제 사회에서 한국의 위상은 그다지 높지 않아 미국에 거주하는 유학생들과 교민들은 미국 사회에서 여러 가지 어려운 일을 많이 겪었다. 당시 보스턴에는 한국 영사관이 없었기에 기문이 총영사가 되어 교민들의 어려움을 해결해 주어야 했다. 공부하는 학생으로서, 교민들의 고충 해결사로서, 유학생들의 진로 지도 카운슬러로서 그리고 가장으로서 1인 4역을 하느라 하루 24시간이 언제나 모자랐다.

바쁜 와중에도 기문은 밤낮으로 학업에 몰두해 우수한 성적을 받았고, 졸업식에서 영예의 '학교설립자상'을 받아 한국인의 근면성과 우수성을 보여주었다. 배움은 즐거움이지만 학업을 끝까지 마치기 위해서는 여러 가지 어려운 고비들을 넘어야 했다. 기문은 기쁜 마음으로 어려움에 도전했고 그 도전들이 쌓여 훗날 꿈을 이루었다.

승승장구하던 시절과 호사다마

반기문은 탁월한 자질과 성실함을 외교부 내에서 인정받아 부이사관으로 승진한 뒤 몇 년 지나지 않아 국무총리 의전비서관이 되었다. 이후 주미대사관 총영사로 미국에서 일했으며 6공화국 시기인 1990년 미주 국장, 1996년 초 외교부 제1차관보가 되었고 곧이어 대통령 의전수석비서관으로 승진했다.

그러나 1997년 초에 뜻밖의 사건이 터졌다. 북한의 고위관리 황장엽이 공적인 일을 하기 위해 일본을 거쳐 중국으로 갔다가 망명 신청을 한 것이다. 황장엽은 수행원과 함께 베이징에 있는 한국 총영사관으로 와 한국으로 망명하겠다는 뜻을 밝혔다. 한국과 중국 모두 국내외적으로 어수선하던 시기로, 북한은 즉각 반박성명을 내면서 송환할 것을 요구했지만 미국과 일본까지 가세해 황장엽 사건은 국제문제로 커졌다.

한국 정부는 고심 끝에 반기문을 밀사로 임명해 필리핀으로 파견했다. 반 수석은 피델 라모스 대통령에게 김영삼 대통령의 친서를 전달하고 황장엽의 한국 망명에 협조해 줄 것을 약속 받았다. 중국은 북한과 관계를 고려할 때 황장엽을 베이징에서 곧바로 서울로 보낼 수 있는 입장이 아니었기에, 황장엽은 필리핀을 거쳐 한국으로 들어왔다.

북한과 관련된 일을 비밀리에 수행하기 위해서는 대통령의 신임, 국제관계 분야의 경험, 업무 추진 능력 등이 필요했고 반 수석은 이 모든 것을 갖춘 인물로 한치의 어긋남 없이 사건을 처리했다. 1998년에 반기문은 오스트리아 대사로 임명되었다. 늘 바쁘고 긴장되던 업무에서 벗어나 모처럼 자유로운 시간들을 가질 수 있었고, 외교관에게 꼭 필요한 사교춤도 배웠다. 그러나 여유로운 생활은 2년을 넘기지 못했다. 김대중 정부에서 외교부 차관에 임명된 것이다. 그러나 반기문은 정중히 사양했다.

"1996년 청와대에서 외교안보수석을 맡은 것이 차관급이었습니다. 이번에는 다른 사람을 발탁하는 것이 좋겠습니다."

그러나 며칠 후 다시 정부 일을 맡아달라는 연락을 받아 이번에는 거절하기 힘들었다. 부랴부랴 귀국해 외교통상부 차관직을 맡았다. 반기문은 70년 외교부 역사에서 전무후무한 승진 기록을 세우면서 앞을 향해 나아갔다. 그러나 세상사 호사다마好事多魔라고 탄탄대로만 있는 것이 아니었다. 2001년 한국과 러시아는 정상회담을 하면서 합의문을 작성했는데, 실무진의 실수로 '탄도탄 요격미사일 제한 조약의 보존과 강화' 내용 한 줄이 합의문에 들어갔다. 미국의 유력 언론들은 한국이 러시아와 손잡고 우방인 미국을 배신했다고 연일 비난했다. 부시 행정부가 강하게 항의하는 바람에 그 책임을 지고 반기문은 차관 자리에서 물러나고, 장관도 함께 경질되었다.

반기문은 자신이 잘못한 일이 아님에도 책임을 지고 물러났지만 묵묵히 시련을 감내했다. 퇴직 전에 약속한 여직원의 결혼식 주례를 해주어 주위 사람들로부터 '역시 반기문'이라는 감탄을 받았다. 그러나 공직에 발을 디디고 31년 만에 실업자가 되었다는 사실에 마음이 공허하기만 했다. 그의 나이 57세, 아직은 한창 일할 나이였다.

반기문이란 이름을 각인시키다

갑자기 공직에서 물러난 반 차관은 외교안보연구원에 사무실을 구해 외교에 대한 연구를 시작했다. 그러던 어느 날 전화 한 통이 걸려왔다. 30대 외무부 장관 한승수였다. 훗날 국무총리를 지낸 한승수는 몇년 전 미국 대사를 지냈을 때 함께 일한 반기문의 능력과 인품을 잘 알고 있었다. 또한 반기문이 한·러 정상회담 합의문과 관련하여 모든 책임을 지고 퇴직한 것에 대해 안타까워했다.

"자네도 아다시피 이번 가을에 제56차 유엔총회가 열리는데 내가 의장을 맡게 됐네. 그래서 부탁인데 의장 비서실장을 맡아주게."

전혀 뜻밖의 제안이었다. 의장 비서실장 직책은 통상 국장이 맡는 자리였다. 차관을 지낸 반기문이 할 일은 아니었고, 그 자리에서 가부를 결정하기는 어려웠다. 며칠 동안 생각한 끝에 한 장관의 깊은 배려를 받아들이기로 결정했다. 2001년 가을, 차관에서 물러난 지 4개월 만이었다. 유엔총회 의장은 5개 상임이사국(미, 영, 러, 중, 불)을 제외한 나라가 대륙별로 돌아가면서 맡았다. 한 장관이 유엔총회에서 의장을 맡은 것은 한국인 최초로, 대한민국의 영광이었다.

총회 의장은 한 해 동안 유엔총회를 원활하게 진행하고 190여 회원국의 이해관계를 조정해 최선의 결과를 도출해내어야 했다. 언어, 인종, 종교, 문화, 역사, 풍습, 정치제도, 경제력, 군사력 등이 천차만별인 각 나라들의 의견을 조율하는 일은 쉽지 않았다. 때에 따라서는 강대국의 눈치를 봐야 했고 약소국을 배려하지 않으면 안 되었다. 그런 상황에서 반기문은 자신의 가능 능력을 적극 활용해 일을 원활하게 진척시켜 나갔다.

그러나 유엔총회가 열리기 직전 9.11테러가 발생해 전 세계가 경악했다. 얼마나 많은 사람들이 죽거나 다쳤는지 파악조차

하기 전에 총회가 열렸다. 다들 경황이 없었지만 예정된 유엔 총회는 열려야 했다. 반기문은 테러가 발생한 뉴욕의 유엔본부에서 정열적으로 일을 시작했다. 일을 열심히 하는 데다 업무능력도 뛰어나고 협상력, 상대에 대한 배려뿐만 아니라 영어 실력 또한 탁월하여 반기문이 하는 일들은 금방 성과를 나타내었다. 또 유엔대사를 지낼 때 배운 프랑스어, 오스트리아 대사를 지내면서 배운 독일어도 유엔에서 일할 때 크게 도움이 되었다.

반기문은 어떤 사안이 생기면 책상에 앉아 이리저리 재보는 것이 아니라 직접 현장을 찾아가고 당사자들을 만났다. 그 무렵 국제사회의 골칫거리는 미국과 러시아의 대립, 미국과 중국의 대립, 아랍권과 이스라엘의 대립이었다. 특히 중동문제는 자칫 수많은 사람을 살상시키는 테러로 이어질 수 있어 언제나 조심스러웠다. 아동권리에 대한 국제회의가 열렸을 때도 회원국 간 갈등이 표출되었는데, 아랍권 국가들이 사소한 문제를 빌미로 이스라엘의 참석을 극력 반대한 것이다. 정치나 경제 문제가 아님에도 양 진영은 양보하지 않았다. 급기야 미국이 이스라엘 편을 들면서 사태는 더 심각해졌다.

반기문은 아랍 회원국들의 대표를 차례차례 만나 설득에 들어갔다. 인내심과 진심을 가지고 설득하면서 아랍권 나라들의 양보를 얻어냈으며, 이스라엘도 그 열정과 성의에 감복했다. 반기문은 모든 사안을 이처럼 인내심을 가지고 성실하게 풀어갔다. 강대국의 편을 들지도 않았고, 약소국의 입장만을 주장하지도 않았다.

제56차 유엔총회는 테러에 대한 규탄 결의를 비롯해 여러 국제적인 합의점을 도출한 뒤 성공리에 막을 내렸다. 실무 차원에서 각 사안에 대해 회원국들의 참여와 협조, 지지를 이끌어 낸 반기문의 활약은 대한민국의 명성을 드높인 쾌거였다. 나아가 반기문이라는 이름을 각 나라 외교관들에게 확실하게 각인시켜 준 의미 있는 총회였다.

대한민국 외교의 품격을 높이다

"내가 외국에 있을 때 갑자기 일이 생기면 누구에게 어떻게 도움을 청하지?"

이것은 반 장관에게 주어진 새로운 과제였다. 세계 곳곳에서 한국인을 대상으로 한 범죄가 일어나고 있었기 때문이다. 과연 이 문제를 어떻게 풀어야 할 것인가?

유엔총회 일이 끝난 후 반기문은 유엔 본부대사를 지내다, 노무현 대통령의 참여정부가 들어서자 한국으로 돌아와 청와대에서 외교정책보좌관을 맡았다. 차관직에서 불명예 퇴직했을 때 그가 다시 관직으로 돌아오리라고 생각한 사람은 그리 많지 않았다. 고위직에서 물러난 사람이 다시 중용되는 일은 드물었기 때문이다. 이러한 예상을 깨고 2004년 1월, 반기문은 제7대(제1공화국 이후 33대) 외교통상부 장관으로 임명되었다. 장관직에 임명되기 위해서는 정치적 성향을 비롯한 여러 요인이 작용하지만 반기문은 그 모든 것을 뛰어넘어 오직 능력과 인품만으로 장관 자리에 올랐다. 공직에 발을 들여놓은 지 34년 만에 한 부처의 최고 책임자가 된 것이다.

반기문이 장관이 되기 한 해 전인 2003년에 2차 걸프전이 발발했다. 미군과 영국군이 이라크를 침공한 '이라크 전쟁'이 터진 것이다. 한국은 전후복구와 의료지원 활동을 위해 비전투부대를 이라크에 파병하기로 하고, 2004년 자이툰 부대를 창설해 파병을 눈앞에 두고 있었다. 이에 이라크의 무장단체 지하드^{Jihad}가 반발하여 이라크에 있는 무역회사의 한국인 직원을 납치하는 사건이 벌어졌다. 반 장관은 납치된 한국 직원을 구하기 위하여 여러 노력을 기울였으나 실패하고 말았고, 이는 반 장관뿐 아니라 한국인에게 큰 상처를 주었다.

1990년대 후반부터 해외 진출하는 한국 기업이 늘어났고 또 해외여행을 하는 한국인도 많아졌다. 미주와 유럽뿐만 아니라 아프리카, 중동, 남미 등 전 세계에서 한국인을 만날 수 있었다. 한정된 외교부 인력으로 많은 여행객과 공·사적 업무로 체류하는 교민, 주재원들을 모두 완벽하게 보호하기는 힘들었다. 새로운 대책을 세우지 않으면 불의의 희생자가 또 생길 수 있었기에 몇 달에 걸친 연구 끝에 새로운 시스템을 만들어냈다. 그것이 바로 '영사콜센터'이다. 해외에서 위급한 상황에 처하거나 도움이 필요할 때 한국영사관에 연락하면 도움을 주는 시스템이었다. 지금은 '영사콜센터'를 당연하다고 생각하지만 당시에는 우리나라가 처음으로 실시한 획기적인 시스템이었다. 이후 여러 나라에서 이 시스템을 도입해 자국민의 안전을 도모하고 있다. 반 장관은 외교의 의미를 '국가와 국가 간의 선린관계'라는 테두리를 벗어나 국민보호라는 개념으로까지 확대했다.

풀어야 할 과제는 끝없이 이어졌다. 그 가운데 하나가 한일 관계였다. 한국과 일본의 관계는 영원한 숙제이자 외줄타기이다. 외줄타기의 한쪽 끝에는 우호가 있고, 다른 쪽 끝에는 극일이 있다. 그 외줄 위에서 균형을 잡기란 쉽지 않다. 또 한일 간 역사 문제는 언제나 분란을 일으키기 때문에 고위 공직자는 명확한 사실이 아니면 역사에 대해 언급하지 않는다. 간도 문제도 그 가운데 하나였다. 간도^{間島, 墾島}는 만주 길림성^{吉林省} 동남부 지역에 위치한 곳으로 청나라(조선의 숙종) 때부터 조선 땅으로 인정되어 조선인들이 이주하여 농사를 짓고 살았던 곳이다. 그러나 1909년 일제가 남만주철도 부설권을 얻는 대신 간도를 청나라에 넘겨주는 간도협약을 맺었다. 이후에도 많은 한국인이 간도로 이주했으나 다시 대한민국 영토로 되찾아오지는 못했다. 이에 대해 반기문 장관은 2004년 10월 22일 국회 국정감사에서 '간도협약은 법리적으로 무효'라는 공식 입장을 밝혔다. 대한민국 정부가 '간도협약은 무효'라고 공식 천명한 것은 처음이었다. 비록 공식 성명과 현실과는 괴리가 있지만, 외교부 장관이 직접 정부 입장을 밝힘으로써 역사적 진실을 언급한 것은 매우 의미가 크다.

차관 시절 반기문은 거의 매일 청사로 출근해 일을 했다. 일요일에도 출근했는데 직원들이 알면 부담을 가질까봐 혼자 조용히 집무실에서 업무를 처리했다. 공사 구분이 확실해서 오스트리아에서 재직할 때는 전화 한 대를 별도로 가설하여 가족이나 친구 등 사적인 전화를 할 때 사용했으며 요금은 자신이 직접 냈다. 자녀 결혼식도 비밀리에 치렀으며, 손님이 찾아와도 공관 식당에서 식사를 하였다.

장관으로 재직하던 2년 동안 반기문은 많은 나라를 방문하여 한국의 위상을 드높였다. 그 무렵 대통령의 유럽 순방을 차

질없이 성사시키기 위해 24박 26일 동안 출장을 다닌 적도 있었다. 공직사회에서 전무후무한 기록이었다. 장관 집무실에서 하루에 18번이나 외교 업무로 다른 나라 사람들을 만난 적도 있었다.

반 장관은 한국의 외교를 세계화·현대화한 인물로 평가받는다. 대한민국 정부 수립 이후 한국의 외교정책은 한반도 주변 강대국에 집중되어온 측면이 있었다. 1970년대 들어 남미와 아프리카 등지로 외교력이 확대되었으나 한국의 위상은 그리 높지 않았다. 1990년대 들어 경제가 발전하면서 한국의 위상이 높아지기는 했으나 외교 측면에서 크게 인정받지는 못했는데, 이 외교 분야에서 나라의 이미지를 높인 사람이 반기문 장관이었다.

특히 노무현 대통령의 터키 방문과 아프리카 3개국 순방은 터키와 아프리카 대륙에 한국의 이름을 알리고 경제 발전에도 기여했다. 터키는 유엔군의 일원으로 한국전쟁에 참전한 혈맹이면서도 국가수반이 한 번도 방문하지 않아 긴밀한 관계가 이루어지지 못했지만, 2005년 대통령의 방문으로 다시 돈독한 관계가 회복되었다. 아프리카 순방도 큰 의미가 있었다. 2006년 노무현 대통령은 이집트와 나이지리아, 알제리를 방문해 무바라크 대통령 등 각국 정상들과 긴밀한 상호협력에 합의했으며 아

수교 후 한국의 국가원수로서 터키를 첫 방문한 노무현 대통령이 2005년 4월 이스탄불에서 열린 터키 동포간담회에 참석해 인사말을 하고 있다. 맨 왼쪽이 반기문 당시 외교부장관.

프리카의 에너지, 자원개발과 경제 협력에 한국이 적극 참여하는 기틀을 마련했다. 26년 만에 이루어진 한국 대통령의 아프리카 방문은 반 장관의 넓은 세계관으로 성사되어 큰 성과를 이루어내었다.

반기문은 공직자가 된 이후 근면, 검소, 정직을 철저히 실천했고, 장관이 되어서도 변함이 없었다. 박정희 정부 때부터 노무현 정권에 이르기까지 오랜 기간 공직에서 계속 일할 수 있었던 것은 바로 그러한 근면, 검소, 정직한 성품 덕분이었다. 반기문은 문재인 정권에서도 국가기후환경회의 위원장이라는 직을 맡아 나라를 위해 일했다.

30년 전만 해도 유럽이나 미주에서 동양인을 보면 '중국인?'이라고 물었다. 아니라고 답하면 '일본인?'이 뒤를 이었다. '한국인'이라고 답하면 고개를 갸웃했다. 하지만 이제는 모두 한국이라는 나라를 알고 있으며 어느 나라에 가든 좋은 대우를 받는다. 이렇게 한국이 인정받는 나라가 되기까지 외교관들, 문화예술인들, 기업인들의 구슬땀이 있었다. 그 땀방울 하나하나가 모여 대한민국이라는 나라의 위상을 높였으며, 반기문은 외교관으로서 나라의 위상을 높이는 데 큰 기여를 했다.

4장

자랑스러운 한국인, 유엔 사무총장이 되다

한국인 유엔 사무총장이 가능할까?

유엔(국제연합)은 1945년 10월 24일 창설되었다. 대한민국은 유엔 회원국은 아니었으나 한국전쟁에 유엔군이 참전해준 것을 기리기 위하여 1950년 '유엔데이$^{UN\ Day}$'를 정하여 공휴일로 기념하였는데, 1976년 유엔데이는 폐지되었다. 남북한은 오랫동안 대치하다가 냉전 구도의 와해와 국력 상승에 힘입어 제46차 유엔총회 개막일인 1991년 9월 17일 동시에 가입하였다. 한국은 220여 나라 중 161번째로 유엔 회원국이 되었다. 2020년 기준 전 세계에는 249개 국가가 있으며, 그 가운데 유엔 가입국은 193개 나라이다. 이 나라들 가운데 세계의 대통령이라 부르기도 하는 유엔 사무총장을 배출한 나라는 9개 나라이다.

2005년 한국의 1인당 국민소득은 1만 6000달러를 돌파했다. 2019년의 3만 7000달러에 비하면 한참 적었지만 당시에는 중진국의 선두로 선진국 진입을 눈앞에 두고 있었다. 또 광복 이후 60년 동안 아시안게임, 올림픽, 월드컵, 유니버시아드대회, 과학 엑스포를 모두 치른 몇 안 되는 나라 가운데 하나였다. 강대국이라 일컫는 러시아, 중국도 이뤄내지 못한 위업이었으며, 수출과 수입을 합해 5000억 달러를 넘어서는 무역 강대국이 되었고, 메이드 인 코리아$^{\text{Made in Korea}}$ 제품은 전 세계로 퍼져나갔다.

 이러한 눈부신 발전을 기반으로 정부는 한국의 위상과 이미지에 걸맞는 국제적인 인물을 배출해야 한다는 의지를 지니고 있었다. 예술, 경제, 스포츠 분야 등에서는 이미 세계적인 인물들이 다수 배출되었고, 2003년 의학박사 이종욱이 세계보건기구^{WHO} 사무총장으로 선출되어, 국가의 위상을 드높였다. 그러나 정부는 이에 만족하지 않고 외교부가 중심이 되어 비밀리에 'SG워너비' 프로젝트를 시작했다. SG는 한국의 유명 가수 이름이 아니라 유엔 사무총장$^{\text{Secretary General}}$의 약자로, 후보는 반기문 장관이었다.

 기자들은 이 프로젝트를 외부에 먼저 알리고 시작해야 한다고 주장했지만 정부에서는 당선을 위해서는 비밀리에 추진하는 것이 좋다는 결론을 내렸다. 2005년 가을부터 시작된 'SG워너비' 프로젝트는 여러 우여곡절을 거친 끝에 2006년 2월 14일 반기문 장관의 유엔 사무총장 출마를 공식 발표했다. 반 장관은 그날 한국의 국민과 전 세계인에게 출사의 뜻과 의미를 밝혔다.

> 저는 오늘 차기 유엔 사무총장 후보로 나섰습니다. 유엔과 함께 수립된 대한민국 정부는 그동안 유엔이 추구하는 목표를 성실히 성취한 모범적인 국가로 발전해왔다고 생각합니다. 대한민국은 이제 신장된 국력과 국제사회의 지지에 힘입어 유엔에 기여하고자 합니다. 저는 유엔 사무총장 후보로 추천 받은 것을 겸허한 마음으로 받아들입니다. 앞으로 국민 여러분과 유엔 회원국을 비롯한 국제사회의 지지와 성원을 당부합니다.

반기문 장관의 출사표가 발표되자 전 국민은 깜짝 놀랐다. 한국이 그동안 여러 분야에서 세계적인 인물을 배출하고 올림픽을 비롯한 세계 대회를 성공리에 치렀으나 유엔 사무총장은 그와 비견할 바가 아니었고, 유엔에 가입한 지 이제 겨우 15년이 지났을 뿐이었다. 북한과 대립도 큰 변수였다. 국민 대부분은 유엔 사무총장에 한국인이 당선된다면 경하할 일이지만 과연 가능할까 하는 의구심을 품었다. 그러나 한국의 국력과 국제무대에서의 신임도는 높았고, 북한은 별다른 반응이 없었다. 침묵은 긍정이라는 뜻이었다. 국민들도 응원했으며 국회에서도 전폭적으로 지원을 약속했다.

개인의 영광을 넘어 대한민국의 영광

8대 유엔 사무총장 당선을 위해 반 장관은 곧 활동을 시작했다. 유엔 사무총장은 5개 상임이사국(미, 영, 중, 러, 프)과 10개 비상임이사국에서 선출한다. 사무총장 선출이 있던 해의 비상임이사국은 가나, 덴마크, 슬로바키아, 아르헨티나, 일본, 카타르, 콩고, 탄자니아, 페루, 그리스였다. 15개 나라가 찬성하면 사무총장이 될 수 있지만 반 장관은 그 외의 나라들에도 심혈을 기울였다. 투표는 1, 2차에 걸쳐 진행되는데 다른 사안에 대한 투표와 달리 한 가지 난점이 있었다. 14개 나라가 찬성해도 상임이사국 5개 나라 가운데 한 나라만 반대해도 사무총장에 선출될 수 없었다. 7대 사무총장 코피 아난은 상임이사국인 프랑스의 반대로 당선에 어려움을 겪었었다.

여러 나라에서 사무총장 후보들이 출마했다. 인도, 아프가니스탄, 태국, 스리랑카, 요르단에서 후보를 낼 준비를 했고, 유럽에서는 라트비아에서 후보가 나왔다. 그러나 고국이 안고 있는 문제들로 인해 국제사회의 큰 지지를 얻지 못하는 후보가 많았다. 1차 예비투표는 2006년 7월에 실시되었다. 전 세계 언론은 반기문을 크게 주목하지 않았다. '설마 되겠어?'라는 부정적 인식이 더 많았다. 심지어 '반 장관이 출마하여 한국이 유엔 사무총장을 배출한다면 국제사회의 조롱거리가 될 것'이라며 자신의 조국을 폄하하는 국회의원도 있었다.

그러나 뚜껑을 열자 놀라운 결과가 나왔다. 2위는 인도 후보였고 1위는 모두의 예상을 깨고 반기문이 차지했다. 15표 가운데 반대 1표, 기권 1표였다. 만약 상임이사국에서 반대 1표가 나와, 그 나라가 반대 의사를 철회하지 않는다면 당선이 불가능할 수도 있었다. 그러나 1위를 했다는 사실은 매우 긍정적 신호였다.

이 소식이 전해지자 한국에서는 충분히 가능성이 있다는 생각에 모두들 흥분에 휩싸였다. 유엔 사무총장 투표는 갑자기 한국인 모두가 관심을 갖는 사안이 되었다. 반대한 나라가 어디인지 기권을 표한 나라가 어디인지 명확히 알지 못한 채 2차 투표에 들어갔다. 그때 변수가 발생했다. 유엔과 국제사회에서 상당한 영향력을 행사하는 요르단의 왕자가 사무총장 후보로 등록한 것이다. 반기문과 한국 정부는 바짝 긴장했다. 그러나 외교부 장관으로서 반기문이 보여준 폭넓은 활동, 2001년 유엔총회 의장 비서실장으로 일하면서 드러난 능력과 인품을 인정받았기에 해볼만 하다는 분위기였다.

9월에 실시된 2차 투표에서도 반기문은 1위를 차지했다. 반대표 1표가 나왔으며, 요르단 왕자는 4위에 그쳤다. 이렇게 되자 한국 언론들은 반기문이 사무총장이 될 가능성이 높다고 판단하고 다음 투표를 기다렸다. 그러나 변수가 또 생겼다. 라트비아의 여성 대통령이 후보로 출마한 것이다. 여성의 능력을 높이 사는 현실을 감안하면 한시라도 방심하면 안 되는 상황이었다. 아프가니스탄의 대학 총장도 후보에 가세했다. 7명으로 늘어난 후보들의 우열을 점치기 힘들었으나 3차 투표 역시 순탄하게 끝났다. 반대표가 1표 나왔지만 반기문이 여전히 1위였다. 이제 남은 문제는 반대표를 던진 국가가 어느 나라이냐였다.

당시 한국은 묘한 상황이었다. 2007년 안전보장이사회 10개 비상임이사국에 진출하기 위한 계획을 몇 년 전부터 세워놓은 상태였는데, 반 장관이 사무총장에 당선되고, 한국이 비상임이사국에 진출하면 특혜라는 반발이 있을 수 있었다. 그리하여 정부는 '비상임이사국 진출을 연기한다'는 입장을 공식적으로 표명했는데, 반 장관의 사무총장 당선에 온 힘을 기울인다는 의미였다. 마침 반 장관에게 좋은 기회가 찾아왔다. 현직 외교부 장관으로서 대통령을 수행해 유럽과 미국을 순방하게 되었다. 이 순방은 반기문을 확실하게 알리는 기회가 되었으며 유엔 사무총장이 되면 무엇을 할 것인가를 각국 수반들에게 주지시키는 계기가 되었다. 그때까지 미국은 아시아 후보에 대해 부정적이었으나 부시 대통령은 반 장관과의 만남 이후 '준비된 사람'이라는 인식으로 바뀌었다.

드디어 2006년 10월 3일 마지막 투표가 실시되었다. 그날은 개천절이었고 공휴일이었다. 반 장관은 한남동 집무실에 출근해 차분하게 결과를 기다렸다. 투표는 오후 4시에 개시되었는데 한국 시간으로는 새벽 5시였다. 공관으로 몰려든 언론사 기자들로 발 디딜 틈이 없었다. 10여 분이 지났을 때 전화벨이 울렸다. 너무 빨리 오지 않았나 의구심이 들 정도였다. 안전보장이사회 의장국을 맡은 일본의 유엔 대사였다.

"축하합니다. 유엔 사무총장이 되었습니다."

찬성 14표, 기권 1표의 압도적 지지로 제8대 유엔 사무총장에 반기문이 당선되는 순간이었다. 미얀마(당시 버마)의 우탄트에 이어 36년 만에 아시아 출신 사무총장이 탄생하는 순간이었다. 개인의 영광을 넘어 대한민국 전체의 영광이었다. 일제의 식민지에서 해방되고 얼마 지나지 않아 전쟁이 일어난 나라에서 이런 날이 오리라고 예측한 사람은 없었다. 그 불가능해 보였던 일을 반기문은 해낸 것이다. 대기하고 있던 정부 인사들과 언론사 기자들의 축하 인사를 받은 후 반기문은 침착한 목소리로 감회를 밝혔다.

"유엔 안전보장이사회 상임이사국들의 신뢰와 지지에 크게 감사합니다. 앞으로 유엔 개혁을 포함해 국제사회의 평화와 인권보호에 많은 기여를 해야 하는 역할을 맡아 큰 책임감을 느낍니다. 변함없는 지지를 보내주신 국민에게 다시 한 번 감사드립니다."

훗날 한 언론과 인터뷰에서 반기문은 사무총장에 당선된

이유와 자신의 생활철학에 대해 이렇게 말했다.

"항상 나 자신보다 상대방의 입장을 배려하고 이해하고 존중하려는 노력을 많이 해왔습니다. 이러한 자세가 사무총장의 중요한 덕목이 될 수 있다고 생각합니다. 현재 세계는 이념이나 종교, 문화 갈등이 큰데 이럴 때일수록 상대의 문화나 입장을 이해하려는 노력이 필요합니다. 선거 과정에서 마음고생을 한 것 가운데 하나가 동양의 철학과 미덕에 대한 이해가 상당히 부족하다는 점이었습니다. 아시아에서 차기 사무총장을 하는 것이 좋겠다는 의견이 지배적이었음에도 상당수의 나라가 받아들이지 못하는 경우가 많았습니다. 내가 조용하게 말하고, 유연한 태도를 취하는 게 서양 사람들 보기에 추진력이나 결단력이 없는 게 아니냐는 식으로 보인 것 같습니다. 수락 연설 때 얘기했듯이 한국을 비롯한 아시아가 세계에서 중요한 역할을 하는 것은 동양적 가치나 덕목이 성공했기 때문이라고 생각합니다."

이로써 대한민국은 가장 짧은 시간에 산업화와 민주화를 이룬 기적의 나라, 문화·예술, 스포츠, 경제에 이어 국제무대에서 세계적인 인물을 배출한 나라가 되었다. 며칠 후 반 장관은 뉴욕에 도착했으며 많은 사람들의 환영을 받았다. 반기문은 2006년 10월 13일 유엔본부에서 '제8대 유엔 사무총장 임명 수락' 연설을 함으로써 그 임무를 시작했다.

평화와 번영, 존엄한 세상을 위해

기권을 표한 나라가 어디인지는 밝혀지지 않았다. 반 장관은 자신에게 표를 던지지 않은 그 나라를 포함해 유엔 회원국 193개 나라, 유엔에 가입하지 않은 20여 나라까지 모두 품에 안고 세계 평화와 화합에 이바지하리라 다짐했다. 한국을 떠나기 전인 2006년 가을 반 장관은 국회에서 감사 연설을 했다.

금번 외교적 개가는 한국 국민 모두의 몫이며, 그간 한국인들이 온갖 시련을 극복하면서 흘렸던 피와 땀과 눈물의 소산입니다. 이렇게 얻은 것이기에 그 영광은 결코 저 혼자만의 것이 될 수 없으며 조국을 사랑하는 모든 국민에게 돌려야 마땅합니다.

자신이 유엔 사무총장이 된 것은 지난 70년 동안 이룩해온 국가의 발전과 국민의 성원이 큰 바탕이 되었음을 다시 한 번 강조했다. 또한 〈문화일보〉와 인터뷰에서 앞으로의 소명에 대해 이렇게 밝혔다.

"상대를 배려하고 신뢰 있게 행동하는 외교를 펼친 덕분에 유엔 회원국들의 전폭적 지지를 받은 것 같습니다. 앞으로 한국인으로서 긍지를 갖고 국제사회의 분쟁을 조정하고 화해를 이끄는 사무총장이 되겠습니다…. 후진국뿐 아니라 선진국들도 한국의 가치나 능력, 경제발전 등에 깊은 관심을 갖고 있는 것을 확인했으며 이런 호감이 한국인 사무총장을 탄생시킨 힘이라 생각합니다. 재임기간 중 북한이 변화의 계기를 맞을 수 있도록 지원하고 싶고 한국과 일본, 중국이 과거 역사 갈등을 해소하고 미래지향적인 발전 관계를 만들 수 있는 계기를 마련하고 싶습니다."

뉴욕 유엔본부에 도착해서 행한 임명 수락 연설 역시 세계인에게 고마움을 표하고 임기 동안 세계 평화에 헌신할 것을 약속하는 내용이었다.

> 유엔의 성공을 가늠하는 진정한 척도는 우리가 얼마나 많은 약속을 하느냐가 아니라 우리를 필요로 하는 이들을 향해 얼마나 빨리 달려갈 수 있느냐입니다. 유엔의 항구적 목적과 고무적 원칙을 소리높이 예찬하거나 그 덕목을 선전할 필요는 없습니다. 다만 그것을 매일 실천하는 것이 중요합니다. …유엔을 떠받치는 세 개의 기둥인 평화와 번영, 인권이 동등한 수준으로 함께 발전해야 세계는 더 살기 좋은 곳이 될 것입니다. …모두를 위한 평화와 번영과 존엄의 세상을 만들기 위해 우리가 가야 할 길에는 함정들이 많습니다. 사무총장으로서 저는 유엔 헌장이 부여한 권한과 여러분이 제게 위임한 권리를 최대한 활용할 것입니다. 인권이 취약한 회원국들을 보호하고, 국제안보와 지역안정에 위협이 되는 요소들을 평화적으로 해결하기 위해 구체적인 일들을 부지런히 해나갈 것입니다.

반 총장은 '구체적인 일들을 부지런히 해나갈 것'이라고 천명했지만 그 앞에는 복잡한 문제들이 많이 놓여 있었다. 유엔은 회원국뿐만 아니라 비회원국에서 발생하는 사안에 대해서도 관심을 기울이고 필요하면 직·간접적으로 개입해야 했다. 한국전쟁이 일어났을 때 유엔군을 파견한 것이 그 선례이다.

반 총장이 임기를 시작하기 직전인 2006년에도 세계는 시끌시끌했다. 북한이 핵개발에 전념하고 있었으며, 네팔에서는 반정부시위가 벌어지고 있었고, 유럽에서는 이슬람교 창시자인 무함마드를 풍자하는 만평으로 인해 이슬람권이 과격한 행동을 보였다. 시리아에서는 수천 명이 덴마크 대사관으로 몰려가 불을 지르는 사태가 벌어졌다. 세르비아와 몬테네그로가 분리 독립했고, 이라크는 여전히 전쟁 중이었으며 사담 후세인이 사형 판결을 받았다. 태국에서는 19번째 쿠데타가 일어났으며, 일본에서는 고이즈미 준이치로의 뒤를 이어 강경파인 아베 신조가 새 총리로 선출되었다. 하와이에서는 지진이 일어났고, 스리랑카에서는 인종분쟁으로 국회의원이 암살당했으며 소말리아의 내전은 국제전쟁으로 발전하고 있었다.

이러한 사건 사고들 외에도 풀어나가야 할 숙제는 산더미처럼 쌓여 있었다. 국가 간 분쟁, 종교 갈등, 환경과 기후 문제, 부익부 빈익빈, 빈곤, 난민, 여성 문제, 전염병과 새로운 바이러스의 창궐, 군사충돌, 국경분쟁, 인권탄압과 인권신장, 동서 갈등,

종족 갈등과 그에 따른 인종 청소, 부족 학살, 이념 갈등, 핵확산, 빈민국 개발, 무역 갈등, 경제침체, 기초교육 미비, 모자보건, 영아사망, 식량과 기아 문제, 양성평등, 소수자 권리, 군비축소, 국제 테러리즘, 대량살상무기 확산, 에이즈 만연, 비대해진 유엔… 어느 것 하나 소홀히 하면 안 되는 급하고 중요한 문제들이었다.

또 언제 어디에서 어떤 사건이 터질지 알 수 없었다. 나아가 미래 세대를 위해 무엇을 해야 할 것인지도 고민해야 했다. 반 총장은 5년 동안 이 모든 문제를 일거에 해결할 수 없다는 것을 잘 알고 있었다. 그러나 그가 무엇을 어떻게 해나갈 것인지는 총장 수락 연설문에 담겨 있었다.

사무총장인 저는 완벽과는 거리가 먼 사람입니다. 여기 각국을 대표해 참석해주신 모든 분들의 아낌없는 지지와 협력, 신뢰를 필요로 합니다. 하지만 저는 제 마음을 다해 제 능력을 다해 여러분을 잘 보필할 것을 약속합니다. 저는 겸손한 마음으로 일하여 최상의 결과를 내겠습니다. 솔선수범으로 이끌 것입니다. 약속은 지키기 위해 존재합니다. 이것이 제 평생의 신조입니다. 약속을 이행하는 유엔을 만들기 위해서는 모든 회원국들과 협력할 것이며, 저 역시 약속을 지키겠습니다.

반 총장은 협력, 겸손, 약속을 강조했으며 유엔을 떠받치는 3개의 기둥인 평화와 번영, 인권이 동등한 수준으로 함께 발전해야 한다고 주창했다. 또 미래의 주역인 청소년들의 희망을 포용하고 그들의 호소를 경청할 것을 약속했다. 이 일들을 임기 중에 하나씩 차근차근 풀어나가면 70억 인구가 살아가는 지구촌에 평화와 화합의 뿌리를 내릴 수 있으리라 믿었다.

쌓여 있는 과제들, 풀어야 할 분쟁들

2007년 1월 1일 반기문이 사무총장으로 취임하자마자 기다렸다는 듯 세계의 주요 언론들은 '이 일을 먼저 하라', '이 일의 해결이 시급하다', '지금 당장 이 문제를 해결하라'는 주문을 쏟아냈다. 영국의 〈이코노미스트〉는 반 총장에게 직면한 주요 문제를 8가지로 요약해서 나열했다. 이란과 북한의 핵문제, 수단 다르푸르 분쟁의 유혈사태, 끊임없는 중동 분쟁, 환경 재앙, 급증하는 국제 테러리즘, 대량살상무기의 확산, 에이즈 만연, 유엔 내부의 개혁이었다. 순위를 매기는 것 자체가 의미 없는 시급한 일들이었다. 당연히 그 외에도 풀어나가야 할 과제들은 산더미처럼 쌓여 있었다.

"이 일을 먼저 처리해주세요."

"아닙니다. 이 일이 더 급합니다."

사람들은 반 총장에게 앞다투어 일 처리를 요구했지만 정작 반 총장은 아직 머물 집조차 없었다. 유엔 사무총장 관저는 뉴욕 맨해튼 서튼플레이스 57번가에 있었다. 뒤로는 이스트 강이 흐르는 조용한 주택단지였다. 전임자가 떠난 후 몇몇 곳을 수리했기 때문에 취임 후 반 총장은 아내와 함께 호텔에 임시로 머물렀다. 부부는 호텔 생활이 몹시 불편했다. 반 총장은 퇴근한 후에도 집으로 일을 가져와 처리하는 것이 오랜 습성이었는데, 호텔은 그런 여건이 되지 못했다. 몇 주 후 관저 수리가 끝나자 관저에 들어갔고, 본격적으로 유엔 사무총장으로 일하는 생활을 시작했다.

유엔 사무총장 직은 세계적으로 이름이 알려진 영광스러운 자리이지만 동시에 적대적인 관료들을 상대해야 하는 어려운 자리였다. 무엇보다 유엔이 일을 착수하기 위해서는 5개 상임이사국의 만장일치를 받아야 했기 때문에, 단 한 나라라도 반대하면 모든 과정을 처음부터 다시 시작해야 하는 어려움이 컸다. 서구 언론들의 이중적인 태도도 사무총장의 어깨를 무겁게 했다. 언론들은 국제적인 사안이 발생하면 곧바로 유엔이 해결책을 내놓기를 재촉하면서도 유엔의 활동이나 사무총장의 메시지보다는 연예인의 기사를 더 크게 취급하는 이중적인 태도를 보였다. 사무총장으로 일하며 가장 큰 어려움 가운데 하나는 일을 추진하기 위해서는 5개 상임이사국의 찬성을 모두 얻어야 한다는 점이었다. 단 한 나라라도 반대하면 처음부터 다시 시작해야 했다.

반 총장은 외교관으로 일하고 유엔에서 근무한 경험이 있었기에 어떤 일을 어떻게 풀어나가는 것이 중요하고 효율적인지 잘 알고 있었다. 따라서 반 총장은 가장 먼저 유엔 사무국 내각 Senior Management Group을 구성하는 일에 착수했다. 대통령 당선자가 초대 내각을 구성하는 것과 같은 일이었다. 탄자니아의 여성 외무장관 아샤로즈 미기로(Asha-Rose Mtengeti Migiro)를 부총장으로 임명한 다음 신중한 검토를 거쳐 1기 사무국을 구성했다. 미기로는 1기 사무국에서 부총장으로 일한 뒤 2012년 7월 아프리카의 에이즈와 HIV 바이러스 문제를 위한 유엔 사무총장 특사로 임명되었다.

열정으로 이룬 유엔 개혁

유엔 사무국은 뉴욕에 본부(제1)가 있으며 스위스 제네바(제2), 오스트리아 비엔나(제3), 아프리카 케냐의 나이로비(제4)에도 사무국이 있다. 그 외에도 세계 도처에 관련 기관이 있으며 일본 도쿄에는 유엔대학$^{United Nations University}$이 있다. 제네바 사무국에는 인권, 보건, 교역, 노동을 중심으로 한 국제기구가 있으며, 유엔 회의의 2/3가 이곳에서 열린다. 비엔나 사무국에는 군축, 마약·범죄, 난민, 국제법 관련 기구가 상주하고, 나이로비에는 환경, 거주 관련 국제기구들이 있다.

사무국의 전체 직원은 4만 명이 넘는다. 그 가운데 2만여 명이 본부에서 근무하는데 직원들은 엄정한 중립을 지켜야 하고 오직 유엔의 목적과 원칙에 의거해 업무를 수행해야 한다. 사무부총장은 1명이지만 각 부서의 사무차장은 70명이 넘고, 사무차장보는 80명을 웃돈다. 또 관련 기관과 기구도 많다. 이 많은 사람들을 임명하고 관리하는 일도 반 총장의 임무 가운데 하나였다. 〈이코노미스트〉가 지적한 것처럼 유엔은 설립 이후 업무와 직원이 늘어나면서 조직 자체가 비대해진 것이다.

그만큼 예산도 증가해 2007년 예산은 37억 9000만 달러였다. 미국이 22%로 가장 많은 분담금을 냈고 일본은 19%, 그 뒤를 이어 독일, 영국, 프랑스 등이었다. 한국은 1.7%(11위)로 3100만 달러를 부담했다. 중국은 2%로 9위, 러시아는 한국보다 강대국이며 상임이사국임에도 1.1%인 1900만 달러에 그쳤다. 여기에 평화유지군^{PKO} 예산 50억 달러가 별도로 책정되었다. 반 총장은 모든 예산이 정확하고 공정하게 집행되도록 책임을 져야 했다. 또 유엔 산하에 있는 유엔식량농업기구^{FAO}, 세계보건기구^{WHO}, 유엔교육과학문화기구^{UNESCO} 등 40개가 넘는 전문기구 등과 밀접한 관계를 유지하면서 업무 협의를 해야 했다.

이처럼 비대해진 유엔조직을 개혁할 필요성은 오래전부터 제기되었지만 전임 총장들도 해결하지 못한 난제였다. 2007년 2월 반 총장은 유엔 총회장에서 192개 회원국 대표가 참석한 가운데 열린 비공개 회의에서 비대해진 유엔평화유지활동국 DPKO을 2개 부서로 분리하고 군축 부서를 사무총장 직속에 두는 개혁 방안을 1차로 발표했다. 그리고 유엔 역사상 처음으로 고위직에 여성을 대거 배치했다. 반 총장 임기 내내 유엔 개혁은 꾸준히 추진되었다.

그러나 개혁은 쉽지 않았다. 70여 년 넘게 굳어진 시스템을 하루아침에 바꿀 수는 없었다. 그럼에도 반 총장은 열정적으로 개혁을 추진해 나갔다. 190개 나라의 대표들을 차례차례 만나 조직개편의 당위성을 설파했다. 반신반의하던 각국 대표들도 반 총장의 진정성을 알게 되면서 개혁 필요성에 점차 동의했으며, 그것을 바탕으로 유엔의 숙원사업이던 사무국 개혁에 성공했다. 반 총장은 취임선서 후 기자회견에서 인사개혁의 어려움에 대해 이렇게 토로했다.

"사무국 개혁이 난관에 부닥칠 수도 있습니다."

취임 직후 몇몇 언론은 인도적 문제와 행정운영 담당 사무차장에 영국 출신 존 홀름스와 멕시코의 알리시아 바르세나를 임명한 것에 대해 개혁 후퇴라고 지적하기도 했다. 반 총장은 이에 개의치 않고 인사 개혁을 추진해 유엔 내부뿐 아니라 각국 대표들에게서 진정한 개혁의 시작이라는 평가를 받았다. 사무부총장에 탄자니아 외무장관 아샤-로스 미기로를 임명한 데 이어 사무차장보 이상 고위직 60여 명을 퇴임시켰다.

유엔 개혁 방향은 취임 첫날 총장으로서는 처음으로 재산명세서를 윤리위원회에 제출한 것에서 잘 나타났다. 이는 사무국 고위직들에게 자발적인 재산명세서 제출을 권고한 것으로 유엔을 '클린 이미지'로 거듭나게 하려는 차원이었다. 또한 출근 시간 9시보다 1시간 전인 오전 8시에 출근해 한국인 특유의 부지런한 이미지를 유엔에 심어주었다.

"아침 9시나 10시에 사무국 회의를 열면 오전 시간을 허비하는 셈이 됩니다."

평화유지국 조직개편안은 2007년 3월 유엔총회에서 만장일치로 통과돼 반 총장의 개혁 구상이 탄력을 받았다. 또 다르푸르 사태 등 지역 현안이나 기후변화를 비롯한 글로벌 이슈를 보다 힘 있게 추진할 수 있는 디딤돌이 되었다. 조직개편의 골자는 비대해진 평화유지국의 효율적 운영을 위해 지원 기능을

반기문의 유엔 개혁 방향은 취임 첫날 총장으로서는 처음으로 재산명세서를 윤리위원회에 제출한 것에서 잘 나타났다. 이는 사무국 고위직들에게 자발적인 재산명세서 제출을 권고한 것으로 유엔을 '클린 이미지'로 거듭나게 하려는 차원이었다. 또한 출근시간 9시보다 1시간 전인 오전 8시에 출근해 한국인 특유의 부지런한 이미지를 유엔에 심어주었다.

담당하는 현장지원국을 떼어내고 제 기능을 다하지 못하는 군축국을 사무총장 직속의 군축실로 개편하는 내용이었다.

평화유지국은 10년 동안 평화유지군이 2만 명에서 10만 명으로 늘었으나 지원부서는 크게 부족한 상태였다. 이에 반 총장은 첫 조치 중 하나로 평화유지국과 군축국의 조직개편안을 제안했다. 하지만 일부 개도국들이 반대하자 회원국 설득 작업을 펼쳤다. 이런 상황에서 유엔 총회가 반 총장의 제안을 이례적으로 신속하게 승인한 것은 그의 리더십에 대한 지지를 보여준 것이었다. 반 총장은 총회가 끝난 뒤 기자들에게 조직 개편의 의미에 대해 이렇게 말했다.

"조직개편안을 회원국들에게 설득하는 과정에서 어려운 점도 있었으나 논의의 투명성을 통해 지지를 얻을 수 있었습니다. 이번 총회를 계기로 남은 개혁 과제도 지속적으로 추진할 것입니다."

이후 반 총장은 임기가 끝날 때까지 경제개발 분야, 인권·사회 분야의 유엔 조직을 효율화하는 작업을 지속적으로 추진해 큰 성과를 올렸다. 2014년에 들어서는 '철밥통'이라고 부르던 유엔 인사시스템 개혁에 성공했다는 평가를 받았다. 제68차 유엔총회는 1만 4000여 명의 사무국 직원들에 대해 일정 기간 한 지역, 한 부서에서 근무하면 다른 근무지나 부서로 이동하는 의무적 이동근무제도 도입을 승인했다.

유엔 직원들의 담당 업무, 소속 부서, 근무지 이동을 제도화한 것은 유엔 설립 이후 처음으로 유엔에 일대 변혁을 가져온 조치였다. 2016년부터 단계적으로 시행돼 미국 뉴욕, 스위스 제네바, 오스트리아 빈 등 유엔본부 직원들의 근무연한은 7년으로 제한되었다. 아프가니스탄 카불, 수단 다르푸르 등 분쟁지 근무연한은 3년, 기타 지역은 4년으로 정했다. 근무연한이 끝나면 의무적으로 다른 근무지 또는 부서로 이동했다. 다른 근무지로 발령이 나더라도 본인이 원하면 현 직위로 복귀시키는 '복귀권'도 폐지했다.

또 8개 직군별 인사위원회를 구성해 신규직원을 채용하고 평가하는 제도도 마련했다. 그 전까지는 공석이 생겼을 때 부서장이 임의로 직원을 채용하는 방식이어서 공정성 시비가 많았다. 그러나 인사위원회가 구성되면서 공정한 채용이 이루어질 수 있었다. 유엔 외교소식통은 전략적 인사, 조직 역동성 제고, 현장 중심 업무 강화 등을 목적으로 한 개혁안이 높은 성과를 올렸다고 평가했다.

2015년에는 '사무실 지정석'과 '칸막이'를 폐지하는 획기적 조치를 내렸다. 직원들이 정해진 자리에 앉는 것이 아니라 일찍 출근하는 사람부터 원하는 자리에 앉을 수 있게 한 조치였다. 또한 책상마다 설치되어 있는 칸막이도 모두 없애 전체가 한 공간에서 근무하는 열린 공간을 만들었다. 이 방침에 따라 6600여 명의 직원 가운데 국장 이상 소수를 제외한 직원들의 지정석이 사라졌다. 옆 사람이 보이지 않을 만큼 높았던 칸막이도 모두 철거했다. 처음에는 내부 반발이 심했으나 비용을 절감하고 일하는 분위기와 직원 화합에 큰 도움이 되어 유엔 본연의 임무를 실천하는 데 큰 도움이 되었다.

5년 후 반 총장이 5개 상임이사국의 찬성을 거쳐 192개 회원국 전체의 만장일치로 연임에 성공한 것은 첫 임기 5년 동안 많은 일을 열정적으로 해 내었기 때문이다. 덧붙여 유엔 개혁을 성공리에 추진한 것도 큰 역할을 했다.

또한 반 총장은 한국의 젊은 세대에게 새로운 꿈을 제시했다. 2002년 국제기구에 진출한 한국인은 200여 명이 약간 넘었으나 2011년에는 400명에 달해 10년 만에 2배 가까이 증가했다. 유엔에서 한국인이 사무총장으로 일하는 모습은 청년들에게 세계로 나아가고자 하는 꿈을 꾸게 했다. 한국을 뛰어넘어 세계무대에서 능력을 발휘하기 위해 5대양 6대주로 나아가는 '반기문 효과'가 나타난 것이다.

5장

평화와 인권, 공동번영에 헌신하다

첫 성과

반 총장은 공식 임기를 시작한 첫 달인 2007년 1월 아프리카연합$^{African\ Union}$ 정상회의에 참석하기 위해 에티오피아 아디스아바바로 향했다. 유엔 사무총장으로서 첫 번째 공식 해외순방이었다. 54개 국가가 가입한 아프리카연합은 2002년 창설된 아프리카 나라들의 연합체로, 아프리카의 발전, 경제협력, 평화 공존 등을 모색하고 협력한다.

반 총장이 아프리카로 향한 데에는 이유가 있었다. 2003년 2월부터 격화된 수단 다르푸르 사태가 심각한 국면으로 치닫고 있었기 때문이다. 아랍계 민병대가 비아랍계 토착민들에 대한 '인종 청소'를 자행해 40만 명이 학살당하고, 100만 명의 난민이

발생했다. 난민들은 이웃 나라인 차드나 에티오피아로 흘러 들어 가뜩이나 불안한 이 지역을 더욱 불안정하게 만들었다. 반 총장은 이 사태를 진정시키고 분쟁이 끊이지 않는 아프리카의 안정을 위해 직접 현장으로 달려갔다.

아디스아바바에서 열린 정상회의에는 52개 나라의 대표들이 참석했다. 반 총장은 최악의 상황으로 치닫고 있는 다르푸르 사태 해결을 위해 국제사회의 노력을 호소했다. 그리고 오마르 바시르Umar Hasan Ahmad al-Bashir 수단 대통령을 만나 다르푸르 지역에 유엔평화유지군을 파병하도록 설득해내는 데 성공했다.

"다르푸르 주민들은 너무 오랫동안 기다려왔습니다. 도저히 용납할 수 없는 일입니다. 바시르 대통령에게 이 점을 분명히 이야기했습니다."

소말리아 정부에 대해서는 반대파 군벌 세력에 대한 무차별적 보복을 중단하고 화해정책을 펼 것을 촉구했다.

"소말리아 대통령이 국가적 화해를 위해 대화에 나설 것을 희망합니다. 대화는 평화를 위해 꼭 필요한 일입니다."

반 총장의 노력으로 아프리카연합정상회의는 소말리아에 4천여 명의 평화유지군을 추가 파병하기로 합의했다. 7월 31일, 유엔안보리는 2만 6000명 규모의 평화유지군 파병을 결의했다. 이후로도 간간이 무력 충돌은 이어지고 있지만 대규모 '인종 청소'는 사라졌다. 반 총장이 인도주의적 방법으로 국제분쟁 문제에서 첫 성과를 낸 것이다.

미얀마의 민주화를 이끌어내다

1989년 이전에는 버마로 부르던 미얀마는 전 국민의 90%가 불교신도인 불교국가로 '은둔의 나라'라고도 한다. 제3대 유엔 사무총장 우탄트$^{U\ Thant}$(재임 1961~1971)를 배출했지만 계속된 군부독재로 전 세계 나라 가운데 민주화 지수가 최하위이다. 19세기 영국-버마 전쟁에서 패한 후 영국의 식민지였고, 2차세계대전 중에는 잠시 일본의 식민 지배를 받다 독립투쟁을 벌인 아웅산 장군 등에 의해 1947년 독립하였다. 그러나 아웅산은 정적에 의해 암살되고 이후 버마는 오랜 시간 사회주의 정책을 시행했으나 거듭된 군부의 쿠데타와 독재의 영향으로 민주주의 발전이 늦어졌다.

1989년 국호를 미얀마로 고치고 새롭게 출발했으나 1인당 국민소득은 1400달러에 불과해 가난한 나라로 꼽힌다. 대한민국과는 1961년 수교한 뒤 우호적인 관계를 맺어왔으나 1983년 북한에 의해 아웅산 테러 사건이 일어나 많은 정부 요인이 희생되는 사건도 있었다.

반 총장이 취임한 뒤 미얀마에 커다란 자연재해가 발생했다. 2008년 4월 27일 발생한 사이클론 나르기스$^{Cyclone\ Nargis}$가 5월 2일에 미얀마 전역에 몰아친 것이다. 미국에서도 허리케인이 발생하면 수천 채의 집이 파괴되고 수만 명의 이재민이 발생하지만 자력으로 복구가 가능하다. 하지만 미얀마는 자력으로 복구할 능력이 부족했다.

사이클론 나르기스는 5월 2일 미얀마에 상륙해 그 다음날 초당 풍속 52.7m/s로 중남부 지역을 강타했다. 국민의 절반가량이 거주하는 이라와디^{Irrawaddy} 삼각주와 최대 도시 양곤 등 서남부 지방이 태풍의 직접 영향을 받았다. 인구 400만 명이 거주하는 양곤에서는 가옥 2만 채가 파괴됐고 전기와 가스 공급도 끊겼다. 근대 이후 미얀마가 부딪친 가장 큰 자연재해였다. 5월 6일 미얀마 정부는 사망자가 2만여 명, 실종자가 4만여 명에 달하는 것으로 잠정 발표했다. 그러나 이는 잠정적 집계일 뿐

피해는 더 늘어나고 있었다. 5월 16일 공식 발표한 집계에 따르면 사망자 7만 7738명, 실종자 5만 5917명으로 사망자가 3배나 늘어났다. 단 하루 태풍으로 엄청난 피해가 발생한 것이다.

문제는 미얀마 자체 힘만으로는 복구가 불가능하다는 점이었고, 더 심각한 문제는 국제사회의 지원을 거부한다는 점이었다. 그럴수록 피해자는 늘어났고 국민들의 고통은 커졌다. 군부 통치자 탄 슈웨$^{Than\ Shwe}$ 장군은 도움을 주기 위해 외국인이 입국하면 자국의 여러 문제들이 외부로 유출될 것을 우려해 인적 지원을 거절했다. 반 총장은 즉각 미얀마로 날아갔다. 군부정권이라 해도 유엔 사무총장의 입국을 막을 수는 없었다. 탄 슈웨를 만난 반 총장은 유엔을 비롯한 여러 나라의 물적/인적 지원을 받아들일 것을 설득했다. 처음에는 망설였지만 탄 슈웨는 마음을 바꿔 원조를 받아들이기로 했다.

이후 유엔 지원단을 포함해 여러 나라에서 물자를 공급했고 직접 피해 현장에 뛰어들어 인명구호와 복구 작업을 벌였다. 한국 역시 구호대를 파견해 봉사활동을 했다. 반 총장의 협의로 세계식량계획^{WFP}은 8000여 톤의 구호식량을 지원했으며, 세계보건기구^{WHO}도 상주 인력을 보내 이재민 지원에 나섰다. 도로가 파괴되어 접근이 어려운 지역은 헬기로 구호물자를 보냈다. 국경을 초월한 지원에 힘입어 미얀마는 빠른 시일 내에 아픔을 털어내고 일상으로 복귀할 수 있었다.

반 총장과 미얀마의 인연은 사이클론 나르기스 피해 복구에 그치지 않았다. 다음 해인 2009년 7월 반 총장은 다시 미얀마를 찾았다. 복구가 어느 정도 진행되었는지 점검한 뒤 탄 슈웨 장군과 회담을 가졌다. 당시 아웅산 장군의 딸이자 미얀마 민주화운동의 지도자인 아웅산 수치$^{Aung\ San\ Suu\ Kyi}$ 여사는 감옥에 있었다. 반 총장은 수감 중인 아웅산 수치를 만나겠다고 요청했으나 거절당했다. 그러나 중요한 대답을 얻어냈다.

"탄 슈웨는 수치가 현재 재판 중이라고 말했습니다. 그러나 나는 바로 그 점이 수치 여사를 면담하려는 목적이라고 답했습니다. 나는 미얀마 군부의 심사숙고와 응답을 기다리고 있습니다. 탄 슈웨 장군에게 수치 여사를 포함한 2000여 명의 정치범 전원을 총선 이전에 석방할 것을 촉구했습니다. 군정은 총선을 공정하게 치르겠다는 뜻을 밝혔습니다."

반 총장은 이후에도 여러 차례 아웅산 수치를 비롯한 미얀마 정치범들의 석방을 위해 노력했다. 마침내 2010년 미얀마 군부는 수치 여사를 석방했다. 이 소식은 전 세계 많은 사람들을 기쁘게 했으며, 반 총장은 수치 여사를 만나 미얀마의 민주화에 대해 논의하기 위해 2012년 다시 방문했다. 반 총장은 미얀마의 수치 여사와 민주 인사들 그리고 미얀마 국민의 대대적인 환영을 받으며 국회를 방문했다. 그리고 연설을 통해 국제사회가 미얀마에 대한 제재를 완화해 미얀마의 민주화를 지지해 줄 것을 호소했다.

"미얀마가 다른 아시아 이웃 국가들과 발맞추고, 하루가 다르게 변하는 세계의 변화를 재빨리 따라잡을 것이라는 점을 의심하지 않습니다."

반 총장의 연설은 미얀마가 운둔의 나라에서 벗어나 국제사회에 빠르게 적응하는 계기가 되었다. 반 총장은 미얀마 국회에서 연설한 최초의 외국인이었다. 드디어 2015년 25년 만에 미얀마에서 총선이 실시되었고, 아웅산 수치 여사가 이끄는 민주주의민족동맹[NLD]이 압도적인 승리를 거두었다. 반 총장은 축하 성명을 발표했다.

"이번 총선은 미얀마가 민주화로 가는 길에서 이루어낸 커다란 성취입니다. 민주주의를 향한 미얀마 국민의 진지한 열정을 환영합니다."

반 총장은 미얀마 군부 정권이 선거 결과에 승복하고 평화적인 정권 이양을 약속한 것에 대해 '특별하고 중요한 사건'이라고 규정한 뒤 '유엔이 미얀마의 민주화와 인권 증진을 위해 지원하겠다'고 약속했다. 미얀마의 민주화는 오랜 시간이 걸렸고, 식민지-사회주의-군부독재를 거치면서 가장 큰 고통을 받은 사람은 선량한 국민이었다. 미얀마에 대한 반 총장의 지원은 정치적 소용돌이 속에서 오랜 시간 고통받아온 미얀마 국민에 밝은 빛을 주었다.

아랍의 봄을 지지하다

중동 국가들은 모두 풍부한 석유자원을 가지고 있지만 아랍에미리트와 쿠웨이트, 사우디아라비아 등은 평화롭고 풍족하게 살아가는 반면 이란과 이라크, 시리아 등은 전쟁에 시달리며 어려움을 겪고 있다. 또 계속되는 독재정치로 인해 민주주의 실현이 요원한 나라들도 있다. 풍부한 자원을 가지고 있음에도 국가적 번영을 누리지 못하는 중동 국가들을 들여다보면 종교적 갈등뿐만 아니라 정치의 후진성, 집권세력의 탐욕, 교육의 미비 등 여러 문제가 자리잡고 있으며, 빈부격차, 청년 실업 등의 해결 과제도 시급하다. 2010년에 접어들어 결국 산더미처럼 쌓인 문제들이 폭발해 중동과 북아프리카 여러 나라에서 반정부 시위가 촉발되었다. 반정부 민주화 시위는 곧 아랍 전역으로 확산되었다.

가장 먼저 시작된 튀니지의 민주화 운동은 2011년에 접어들어 재스민 혁명$^{Jasmin\ Revolution}$으로 번졌고, 알제리 시위는 8년이나 계속되어 결국 부테플리카$^{Abdelaziz\ Bouteflika}$ 대통령이 사임했다. 요르단에서도 시위가 일어나자 압둘라 2세 국왕은 내각을 해산하고 개혁을 실시해 나갔다. 경제부국인 사우디아라비아에서도 반정부 시위가 벌어지자 국왕은 경제, 정치, 사회 개혁을 약속했고, 미루기만 하던 여성참정권을 인정했다. 예멘은 2011년 가을 압둘라 살레$^{Ali\ Abdullah\ Saleh}$ 대통령이 권력이양을 하면서 33년간 계속돼 온 철권통치가 종식되었다. 그 외에 모리타니, 모로코, 지부티, 바레인, 오만 등에도 민주화 시위가 일어나 개혁 정책이 실시되고 각종 제도를 개선하는 등의 조치가 이어졌다.

리비아의 민주화 운동은 가장 큰 결실을 맺었다. 강압적 독재정치로 악명 높았던 가다피$^{Muammar\ Qaddafi}$는 2011년 민주화 운동이 일어나자 전차와 전투기를 동원해 시위자들을 살해하는 살육전을 벌였다. 급기야 민주화 시위는 정부군과 시민군의 내전으로 변했으나 서구 국가들의 무력 개입으로 가다피 정권이 무너졌다. 시민군을 피해 도망다니던 가다피는 그해 10월 고향에서 나토군의 공습에 이은 시민군의 공격을 받아 사망하였다. 42년간 계속된 독재정치가 막을 내리는 순간이었다. 아랍의 봄은 그렇게 중동과 북아프리카에 민주주의를 가져왔다.

아랍의 봄 투쟁에서 이집트의 민주화 개혁은 세계사에서 중요한 의미를 가진 것이었다. 중동의 강국 가운데 하나인 이집트는 1981년 사다트 대통령이 암살되자 호스니 무바라크Hosni Mubarak가 뒤를 이어 대통령이 되었다. 그는 이스라엘과 평화협정을 이행하고, 소련과 외교 관계를 재개하였으며, 정치와 언론의 자유를 확대하고 극단적 이슬람주의를 경계하는 합리적인 지도자로 세계 여러 나라에서 환영받았다. 무바라크는 1981년~2011년 까지 장기집권을 했다.

2011년 1월, 이집트 여러 분야에서 그동안 누적된 모순들이 분출되기 시작했다. 장기 불황, 실업률 증가, 빈부격차, 정치의 비능률 등 오랜 독재정치에 따른 문제가 한꺼번에 폭발했다. 견디지 못한 이집트 국민들은 2011년 1월 25일 무바라크 대통령의 퇴진을 요구하는 반정부 시위를 벌였다. 미국은 친미 대통령인 무바라크의 퇴진을 원하지 않았고 무바라크는 강경 대응했으나 국민들의 열망을 언제까지나 억누를 수는 없었다.

반 총장은 아랍의 봄을 면밀하게 주시하고 있었으며 그 어떤 힘으로도 민주화를 요구하는 국민의 여망을 억누를 수 없음을 잘 알고 있었기에 독재정부를 지지하는 섣부른 언행을 하지 않고, 국민 시위대에 힘을 실어주었다. 런던에 체류하던 반 총장은 무바라크가 즉각 권력을 이양할 것을 촉구했다.

"이번 시위는 이집트 국민의 거대한 불만을 반영하는 것으로 변화가 필요하며 빠를수록 좋습니다."

베를린을 방문한 반 총장은 DPA$^{\text{Deutsche Presse-Agentur GmbH}}$통신과 가진 인터뷰에서도 '민주주의가 실패했기 때문이 아니라 결함을 가진 이집트 민주주의 시스템 때문에 이번 사태가 일어난 것'이라고 진단하면서 무바라크 대통령이 유엔의 거듭된 개혁 요구를 무시해왔다고 지적했다. 이에 대해 몇몇 나라의 통치자는 반 총장을 비판하면서 무바라크를 옹호했으나 선善으로 향하는 역사의 도도한 물결을 막을 수는 없었다. 반 총장은 국가 원수급 인사로는 처음으로 이집트 민주화를 외치는 국민들을 지지했다.

때로는 강대국의 눈치를 봐야 하는 유엔 사무총장 자리이지만 반 총장은 자유와 민주주의, 인권은 결코 양보할 수 없다는 신념을 보여주었다. 이집트 정국은 앞이 보이지 않을 만큼 혼미했다. 수많은 사상자가 발생하고 국민들의 저항이 격화하자 시위 18일 째가 되던 2월 11일 결국 무바라크는 대통령 직에서 물러났다. 이집트의 대표적 서민 음식인 코사리^{Kosari}의 이름을 딴 코사리 혁명이 이루어진 것으로, 반 총장의 이집트 국민들에 대한 확고한 지지와 인권과 민주주의, 평화를 사랑하는 신념이 큰 힘을 보태었다.

코트디부아르의 내란을 종식시키다

아프리카 서부 대서양 연안에 위치한 코트디부아르^{Côte d'Ivoire}는 프랑스어로 '상아 해안^{象牙海岸}'이라는 뜻이며, 영어로는 아이보리 코스트^{Ivory Coast}라 부른다. 프랑스의 식민 지배를 받다가 1960년 독립했으며 대한민국과는 1961년에 수교를 맺었다. 다른 아프리카 국가들과 달리 1970년대 후반까지 높은 경제성장률을 유지했다.

코트디부아르는 카카오 주 생산국으로 전 세계 카카오 생산량의 약 40%를 책임진다. 2006년 코트디부아르는 카카오 수출로 10억 달러를 벌었지만 비인간적 노동환경으로 인해 국제노동기구^{ILO}로부터 강한 비판을 받았다. 카카오 수출에 제재를 가하면 300만~400만에 달하는 생산근로자가 일자리를 잃을 수 있는 상황이어서 국제사회가 강압적으로 개입하기도 어려운 실정이었다.

코트디부아르는 우푸에부아니$^{Félix\ Houphouët-Boigny}$가 33년 동안 장기 집권하다 사망한 뒤 급속도로 혼란에 빠져드는 등 정치가 불안정했다. 쿠데타, 대통령 선거 조작, 추방, 민중봉기 등이 이어졌고 급기야 2002년 내란이 벌어졌다.

혼란스러운 내전이 계속되다가 2007년 와가두구^{Ouagadougou} 평화합의를 통해 진정 상태로 접어들었다. 그럼에도 국토의 절반을 차지하는 북부지역은 정부가 통치권을 행사하지 못했다. 반 총장은 취임 후 코트디부아르 사태를 안정시키기 위해 최영진 전 외교차관을 유엔사무총장 특별대표로 파견했다. 최 대표는 2012년까지 현지에 거주하면서 유엔 평화유지군 1만1천 명을 지휘해 내란을 종결하는 데 큰 기여를 했다.

2000년 대통령에 취임한 로랑 그바그보$^{Laurent\ K.\ Gbagbo}$는 2005년 10월 임기가 끝날 예정이었지만, 대통령 선거를 연기시키며 2010년까지 6차례 임기를 연장했다. 하지만 국민의 계속되는 요구를 묵살할 수 없어 2010년 선거를 치렀다. 공화당의 와타라$^{Alassane\ Dramane\ Ouattara}$ 전 총리가 총 투표수의 54.1%를 얻어 대통령에 당선되었으나 로랑은 선거결과에 불복하고 불법적으로 대통령에 취임했다. 승리한 와타라도 대통령에 취임해 한 나라에 두 명의 대통령이 존재하는 전대미문의 사태가 벌어졌다.

두 세력은 정권을 차지하기 위해 내전에 돌입했다. 정부군은 자신들이 공격을 받아 사상자가 발생했다고 주장했으며 반군도 공격을 받았다고 맞받아쳤다. 양측은 돈을 지불하고 외국 용병부대를 끌어들여 상대를 무차별 공격했다. 피해는 선량한 국민들에게 돌아가 전투가 치열해질수록 희생자가 늘어났으며, 서부의 두에쿠에에서는 1천여 명의 양민이 학살되는 사건도 벌어졌다. 국제적십자위원회^{ICRC}의 발표는 사태의 심각성을 알려주었다.

"우리는 수많은 시체를 보고 충격을 받았다. 적어도 시체 800구가 있었다."

반 총장은 코트디부아르 국민들의 생명을 보호하고 파괴를 막기 위해 유엔 조사단을 파견하고 평화유지군 1만1천 명을 파병했다. 유엔은 유혈사태로 수백 명이 사상, 실종되고 민간인의 피난행렬이 이어지고 있다고 밝혔다. 로랑 세력은 평화유지군

차량에 불을 지르는 등 국제사회의 퇴진 압력을 거부했다. 내전이 해를 넘겨 2011년이 되자 반 총장은 새해 초에 기자회견을 열고 대선 결과에 승복하지 않는 로랑과 지지자들을 묵과하지 않을 것이라며 강력히 경고했다.

"UN은 코트디부아르에서 해야 할 우리의 임무를 결코 중단하지 않을 것입니다. 유엔 평화유지군과 민간인을 공격한 로랑은 국제심판소에 서게 될 것입니다. 다시 한 번 강력하게 전합니다. 공격행위를 하거나 선동하는 사람들은 책임을 지게 될 것입니다."

아울러 유엔의 강경한 태도가 아프리카 일부 독재 지도자들에게 경각심을 주고 있다고 밝힌 뒤 코트디부아르 사태를 계기로 '아프리카 전역에 강력한 민주주의의 신호가 가고 있다'고 말했다.

코트디부아르 최대 도시 아비장에 있는 대통령궁과 군사기지에서는 대포와 기관총을 쏘는 격렬한 전투가 벌어졌다. 유엔군의 신속하고 강경한 대응으로 전황이 불리해지자 로랑은 4월 초 프랑스 대사관을 통해 항복하겠다고 전해왔지만 말에 그쳤을 뿐 다시 유엔군을 공격했다. 이에 유엔군은 프랑스군과 연합해 로랑에게 반격을 가해 4월 11일, 로랑은 생포되었고 처절했던 내전은 유엔군의 활약으로 종식되었다. 그러나 100만 명의 난민이 발생했고, 13만 명 이상이 이웃나라 라이베리아로 피난을 떠나야 했다.

내전에서 승리한 와타라 대통령은 파괴된 경제를 회복하는 데 주력해 국민의 지지를 받았으며 2015년 10월 선거에서도 승리해 재선에 성공했다. 내전 초기에 반 총장이 유엔군 파병을 늦추었거나 파병하지 않고 성명서만 발표했다면 내전은 더 길어져 수만 명의 사상자가 발생했을 것이다. 1994년 4월 르완다에서 후투족에 의한 투치족 학살 사건이 일어났을 때 서구 국가들은 유엔군 파병을 거부했다. 그 결과 80만 명에 달하는 사람들이 희생당했으며 300만 명이 고국을 떠나 난민이 되었다. 이 사건은 지금까지도 국제사회에 큰 아픔으로 남아 있다. 반 총장은 그런 고통과 아픔을 되풀이하지 않기 위해 즉각적이고 강력한 결정을 내려 코트디부아르에 평화를 가져오는 데 기여했다.

남수단 독립을 지원하고 내전을 끝내다

아프리카의 수단^{Republic of the Sudan}은 1899년부터 남부와 북부로 나뉘어 영국과 이집트의 식민 지배를 받았다. 1956년 독립을 이루었으나 종교, 인종, 문화적으로 차이가 큰 남부와 북부가 그대로 한 나라로 흡수되어 여러 문제를 안고 있었다. 북쪽은 수단계 아랍인이 대다수로 수니파 이슬람교도인데 반해, 남쪽은 나일제^{Nilotes}족이 대부분으로 아프리카 토착의 정령신앙을 믿었고 일부 기독교도도 있었다.

독립 이후 부족 갈등, 종교 갈등이 끊이지 않았고 결국 1차 내전이 일어나 15년 동안 100만 명이 죽거나 다쳤다. 1978년에 남북 분리를 시도했으나 남쪽에서 석유와 자원들이 발견되면서 분리는 백지화되었고 갈등은 잠시 수면 아래로 가라앉았다. 그러나 1983년에 수단인민해방군SPLA에 의해 2차 내전이 일어났고, 내전은 20년간 계속되었다. 2003년에는 서부의 다르푸르에서 충돌이 일어나 30만 명의 희생자와 270만 명이 넘는 난민이 발생하는 대참사가 일어났다. 1989년 쿠데타로 집권하여 2019년 물러난 오마르 알바시르 수단 대통령은 다르푸르 학살에 대한 책임으로 국제형사법원의 체포영장을 받았다.

반 총장은 취임 이후 수단 문제를 해결하기 위해 오랫동안 고심하면서 다양한 전문가의 의견을 들었다. 그리고 수단 국민의 여망에 따라 분리 독립하는 것이 최선의 방책이라는 결정을 내리고 이를 국민투표에 부치도록 협의했다. 남수단 독립에 관한 찬반 투표는 2011년 1월 일주일간 진행되었으며 찬성표가 무려 98.83%에 달했다. 드디어 7월 9일 수단에서 분리 독립하여 남수단Republic of South Sudan이 탄생했다. 초대 대통령은 그동안 수단 부통령으로 있던 살파 마야르디트Salva Kiir Mayardit가 취임했다. 7월 14일에는 유엔에 가입해 193번째 회원국이 되었다. 유엔과 반 총장의 도움으로 오랜 내전을 끝마치고 독립된 국가로서 국제사회의 인정을 받은 것이다. 대한민국과는 독립한 해인 2011년에 정식 수교를 맺었다.

그러나 분쟁은 그치지 않았다. 분리 독립한 지 2년이 지나지 않은 2013년에 대통령이 이끄는 정부군과 전직 부통령이 이끄는 반군 사이에 내전이 벌어졌다. 이른바 '남수단 내전'은 무자비한 학살로 번져 수만 명이 죽고, 220만 명이 넘는 피란민이 발생했다. 보고를 접한 반 총장은 가슴이 아팠다. 국민들이 원하는 바에 따라 어렵사리 분리 독립을 지원했지만 또 내전이 일어나자 관계자들은 당혹스러웠다. 내전의 원인은 석유가 나오는 지역인 벤티우^{Bentiu}를 차지하기 위한 것으로, 반 총장은 특단의 조치를 내렸다.

그러나 현지에 가서 직접 보지 않고서는 어떤 방법도 탁상공론에 그칠 수 있다는 것을 잘 알기에 반 총장은 2014년 5월 7일 남수단을 비밀리에 방문했다. 아랍에미리트에서 국제기후변화회의에 참석한 후 몇 명의 수행원만 데리고 비행기에 올랐다. 반 총장은 남수단에 도착해 가장 먼저 난민수용소를 찾았다. 하루아침에 가족을 잃고 집에서 쫓겨난 사람들이 불안한 나날을 보내고 있었다. 반 총장은 그들을 위로하고 식량과 식수, 부상자 치료 등의 문제를 점검한 후에 마야르디트 대통령을 만나 오랜 시간 그를 설득해 반군과 협상하도록 이끌었다. 그러나 문제는 반군 지도자인 전 부통령 리에크 마차르$^{Riek\ Machar\ Teny\ Dhurgon}$

의 소재였다. 어렵사리 반군과 접촉한 반 총장은 간곡히 부탁했다.

"마야르디트 대통령이 협상에 임하기로 했으니 마차르 부통령을 찾아 나에게 전화하도록 해달라."

이 한 마디를 전하기 위해 총알이 빗발치는 전장터로 간 것이다. 그러나 반 총장에게 시간이 부족했다. 약속한 시간까지 마차르 부통령의 전화는 오지 않았고 다음 일정을 위해 남수단을 출발하지 않으면 안 되었다. 유엔 사무총장이 공식 일정을 어길 수는 없었기 때문이다. 반 총장은 안타까운 마음을 안고 공항으로 가기 위해 차에 올랐다. 뜨거운 햇빛을 받으며 자동차가 달릴 때 전화벨이 울렸다. 극적인 순간이었다. 마차르는 반 총장에게 공언했다.

"이 사태 해결을 위해 에티오피아에서 평화회담을 갖겠소."

마차르가 그렇게 빨리 응하리라고는 반 총장을 제외하고 누구도 예상하지 못했다. 평화와 화해를 위한 진심어린 설득은 독재자도, 반란군도 돌아서게 할 수 있다는 것을 반 총장은 알고 있었다. 이후 유엔과 서구 국가의 노력으로 회담이 열렸고 2015년 8월 평화협정을 맺으면서 내란은 종결되었다. 집을 떠났던 사람들은 다시 고향으로 돌아가 생업에 종사했다. 가족을 잃은 슬픔은 빨리 치유되지 않지만 총알이 빗발치는 상황이 끝난 것은 감사한 일이었다.

반 총장이 해결에 나서기 전에 미국의 고위 관리가 남수단 내전을 중재하기 위해 여러 제안과 압박을 병행했으나 실패했다. 그는 '남수단의 경제를 제재하겠다'는 압박을 가했지만, 정부군과 반군 모두 그 압박을 무시했다. 하지만 반 총장은 누구도 압박하지 않았고 회유하지도 않았다. 국민 보호, 국가 발전, 국제사회에서의 신임, 평화의 소중함을 설득했고 그 설득에 정부군도 반군도 무기를 내려놓아 분쟁을 그치게 한 것이다.

코소보 독립을 이끌어내다

2016년 브라질 리우데자네이루 올림픽이 열리기 직전, 한 나라의 참가 문제로 주최국 브라질과 세르비아가 옥신각신했다. 올림픽에 사상 처음으로 참가하려는 나라는 국제올림픽위원회IOC의 205번째 회원국인 코소보였다. 세르비아는 '코소보는 자국의 한 자치주이며 독립국가가 아니다' 라는 이유로 출전을 반대했다. 반면 브라질은 '올림픽은 정치와 무관하다'는 원칙을 내세워 코소보 참가를 승인했다. 유도에 출전한 마일린다 켈멘디는 52kg급에서 우승해 코소보 최초의 금메달을 따내 국민 영웅이 되었다. 2008년에 독립한 코소보는 짧은 역사 가운데 아픈 상처를 지니고 있다.

1991년 옛 소련이 무너지면서 새로 탄생한 나라들이 많다. 그 가운데 세르비아, 몬테네그로, 슬로베니아, 마케도니아, 크로아티아, 보스니아 헤르체고비나 공화국, 코소보 등은 예전에 유고슬라비아라고 부르던 나라였다. 한 나라가 7개 나라로 분리되었는데, 순조롭게 독립이 이루어진 나라도 있지만 살상을 동반한 분쟁 끝에 독립한 나라도 있었다. 가장 마지막에 독립을 선언한 코소보는 지금도 발칸반도에서 언제 터질지 모르는 화약 가운데 하나이다. 국제사회에서 국가로 인정한 나라가 있지만, 코소보를 국가로 인정하지 않는 나라도 있어 코소보는 유엔이나 여타 국제기구에 가입을 못한다. 한국은 코소보를 독립국가로 인정하지만 정식 수교는 맺지 않았다.

국제사회에서 코소보가 이슈로 떠오른 것은 1992년 유고연방이 해체된 이후였다. 그때만 해도 코소보는 세르비아의 자치주였으나 문화 종교적으로 다른 점이 너무 많아 독립을 주장하기 시작했다. 그러나 세르비아는 결사적으로 반대했고 1998년 2월 코소보전쟁이 벌어져 나토군이 개입하는 상황이 되었다. 수많은 사상자와 난민이 발생한 후 1999년 6월 일단 평화협정을 맺었지만, 러시아는 세르비아를 지원하고, 미국은 코소보를 지원해 국제사회가 양분되는 현상이 벌어졌다. 이후 코소보는 유엔 관리를 받게 되어 사실상 세르비아에서 분리되는 절차를 밟았으며 2007년 11월 첫 총선이 치러졌다.

반 총장은 취임하던 해 코소보에 유엔관리단을 보내 총선이 국제기준에 맞게 공정하고 자유롭게 치러질 수 있도록 조치했다. 그 과정에서 세르비아와 러시아는 줄곧 반대 입장을 표명해 금방이라도 전쟁이 터질 것 같은 일촉즉발의 상황이었다. 반 총장은 2008년 1월 헝가리 부다페스트를 방문한 자리에서 코소보에 대한 우려를 표명하고 국제사회의 협조를 당부했다.

"코소보의 미래에 대한 정치적 교착 상태가 지금까지 유엔이 성취해 놓은 모든 것을 심각한 위험에 빠뜨릴 수 있습니다."

그것은 코소보를 둘러싼 강대국의 대립에 대한 우려이자 코소보 독립을 지지하는 선언이었다. 또한 '코소보 총선은 자유롭고 공정하게 국제기준에 상응하여 치러졌으며, 이는 코소보 지역의 기관들이 성숙했음을 보여주는 것'이라고 말했다. 내전이 끝난 후 유엔의 관리 하에 코소보가 안정을 찾아가고 있다는 방증이었다. 나아가 유엔이 향후 코소보 지역의 안정을 위해 지원을 계속할 것이라고 말했다. 반 총장의 이 말은 코소보에 큰 힘이 되었다. 파트미르 세지우 코소보 대통령은 '2008년 초에는 코소보의 독립에 대한 꿈과 의지가 실현될 것'이라고 밝혔다. 그리고 2008년 2월 17일, 마침내 코소보는 수도를 프리슈티나로 정하고 코소보공화국$^{Republika\ e\ Kosovës}$으로 독립을 선언했다. 인구 180만 명이 약간 넘는 코소보공화국 국민의 95%는 이슬람교도였다. 독립을 선언했지만 러시아와 중국이 강하게 반대했고 스페인, 인도, 노르웨이, 페루 등 여러 나라가 독립을 인정하지 않아 분쟁의 요소는 여전히 남아 있다.

러시아와 세르비아는 코소보 독립이 유엔 안보리 결의 위반이라고 거듭 주장하면서 유엔 회원국들의 독립 승인을 저지하고 나섰다. 세르비아의 보리스 타디치$^{Boris\ Tadic}$ 대통령은 이 문제로 반 총장을 면담하면서 '코소보 독립선언이 이 지역 평화에 위협이 되고 있다'고 주장했다. 러시아 역시 압력을 넣었다. 그러나 반 총장은 모든 압력을 물리치고 코소보 독립을 지지했다. 안보리 회의에서 연설을 통해 유엔이 승인한 코소보 행정기구가 향후 자치정부가 설립돼 독립 이행이 이뤄질 때까지 코소보 영토를 관리해야 한다고 천명했다.

코소보 지배를 원하는 세르비아는 그해 10월 코소보의 독립 합법성에 대해 결정을 내려달라고 국제사법재판소에 의뢰했다. 매우 복잡한 문제였기 때문에 심리는 오랫동안 진행되었고, 2년이 지난 후인 2010년 7월 22일 판결이 내려졌다.

"코소보가 세르비아로부터 독립을 선언한 것은 국제법을 위반한 것이 아니다. 코소보의 독립은 정당하다."

코소보 국민들의 독립 열망, 내전이 발발했을 때 나토군의 개입, 유엔의 공정한 통치와 선거관리는 코소보의 독립을 가능하게 했다. 이 모든 것의 바탕에는 반 총장의 적극적인 지지와 호소, 협상력이 있었다. 여전히 독립국으로 인정하지 않는 국가들이 있지만 코소보는 월드컵, 올림픽을 비롯한 국제 경기에 참여하면서 독립국가로서의 지위를 누리고 있다.

스리랑카, 평화를 되찾다

1948년 영국에서 독립한 스리랑카는 인도 대륙 아래에 있는 섬나라로 관광자원이 풍부한 불교국가이다. 대한민국과는 1977년 정식 외교관계를 수립했다. 세계의 주목을 받지 못하는 소국인 스리랑카는 60여 년 동안 내전에 시달리는 나라이다.

내전의 원인은 종교 반목에 있다. 인구의 74%를 차지하는 불교계 싱할라족$^{Buddhist\ Sinhalese}$과 18%를 차지하는 힌두교계 타밀족$^{Hindu\ Tamils}$은 모든 분야에서 대립해왔다. 탄압과 차별에 분노한 타밀족이 1970년대 들어 무장조직과 정당을 결성해 싱할라족 정부에 대항하기 시작하면서 처참한 내전이 시작되었다. 이후 무자비한 살인, 폭력, 파괴가 자행되었고 10만 명이 넘는 사망자와 수십 만 명의 부상자, 100만 명 이상의 난민이 발생했다. 또한 자살폭탄 테러와 암살, 납치와 인간방패 등 수많은 인권 유린사태가 보고되면서 스리랑카 내전은 가장 잔혹하고 폭력적인 분쟁의 하나가 되었다.

1987년 정부군과 타밀 반군 간에 정전협정이 체결되었으나 1991년부터 다시 내전이 시작되었다. 그 후로도 평화협상, 일시 휴전, 해결방안 발표, 전투 재개가 끊임없이 반복되었고 희생자는 나날이 증가하고 경제는 마비되어 1인당 국민소득은 2000달러도 되지 않았다. 불안한 상황이 계속되는 가운데 국민들은 안정된 생활을 누릴 수 없었다. 게다가 2004년 강력한 지진해일(쓰나미)이 덮쳐 3만 5000명이 사망하고 10만 채의 가옥이 파손되었으며, 60만 명에 이르는 이재민이 생겨났다. 그럼에도 내전은 계속되었다.

반 총장이 취임한 2007년에 스리랑카의 내전은 새로운 상황에 접어들었다. 정부군의 강력한 대응과 국제사회에서 반군의 인권유린을 비난하는 목소리가 높아지면서 반군은 차츰 힘을 잃어갔다. 정부군이 반군을 서서히 장악해가고 있었지만 반군이 자살폭탄 테러로 맞서 종결은 쉽지 않았다. 마침내 2009년 5월 스리랑카 대통령은 내전 승리를 선언했으며 27년 동안 이어진 내전이 종식되었다.

반 총장의 지시로 유엔은 곧 조사에 착수했는데, 27년 내전 동안 양측에서 8만~10만 명이 사망한 것으로 추정되었다. 인류 역사에서 유례를 찾기 어려운 참혹한 내전이었다. EU도 27개 회원국 외무장관회의를 열어 스리랑카 정부군과 반군 양측의 전쟁범죄 조사와 책임자 처벌을 촉구하는 성명을 채택했다. 2009년 5월 23일 반 총장은 스리랑카로 떠났다. 내전은 끝났지만 반군이 완전히 무장해제를 한 것이 아니어서 여전히 불안하고, 언제 어디에서 테러가 일어날지 알 수 없는 상황이었다. 그러나 반 총장은 스리랑카 최대의 난민촌 마니크팜$^{Manik\ Farm}$을 찾아 조속한 피해복구가 이루어지도록 지시했다. 반 총장은 22만여 명이 생활하는 난민촌을 구석구석 둘러보고 식량과 식수, 생활용품 등의 원활한 보급을 점검했고, 여성과 어린이들에 대한 보호가 이루어지도록 했다.

유엔본부로 돌아온 후 반 총장은 유엔 인권이사회 스리랑카 인권특별회의를 구성했다. 정부군의 내전 승리를 축하하면서 반군의 인권침해에 대한 비판 등을 담은 결의안을 통과시키고, 스리랑카 내전에서 벌어진 전쟁범죄에 대한 국제 조사를 촉구했다. 반 총장은 늘 스리랑카를 마음에 두고 있었다. 2016년

9월 임기를 마치기 전에 다시 스리랑카를 방문했다. 수도 콜롬보에서 라닐 위크레메싱게$^{Ranil\ Wickremesinghe}$ 총리와 만나 10만 명의 사상자를 낸 내전의 상처를 치유하고 국가를 재건하는 방안에 대해 토의했다. 라닐 총리는 유엔 사무총장의 재방문을 적극 환영하면서 '반 총장의 이번 방문은 스리랑카 정부가 현재 입안 중인 개발 프로그램 이행에 힘을 실어줄 것'이라고 표명했다. 총리에 이어 마이트리팔라 시레사나$^{Maithripala\ Sirisena}$ 대통령도 만나 국제사회의 지원을 적극 약속했으며, 내전이 시작된 타밀족 거주지인 북부 자프나 지역을 찾아 피란민 재정착지를 점검했다. 정부군과 반군 모두를 아우르는 공정한 발걸음이었다.

이후 유엔의 지원으로 스리랑카는 평화를 되찾아가고 있으며 경제도 꾸준히 성장해 2020년 1인당 국민소득은 4150달러까지 치솟았다.

양성평등을 위해 노력하다

세계의 반은 여성이지만, 여성은 남성과 동등하다는 것을 부정하는 사람이 많다. 심지어 여성은 남성과 평등하지 않다고 생각하는 여성도 있다. 남녀불평등 사상은 남성이 지배한 사회역사 속에서 생겨나 종교 관념에 의해 더욱 공고해졌다. 민주주의가 가장 먼저 시작된 영국에서조차 여성은 1924년이 되어서야 참정권(투표권)을 부여 받았고, 미국은 그보다 4년 빠른 1920년에 주어졌다. 남녀가 같은 권리를 가져야 한다는 주장이 최초로 제기된 것은 1789년 프랑스혁명 때였으나 프랑스에서 여성에게 참정권이 주어진 것은 1946년 2차 대전이 끝난 후이다. 대한민국은 1948년 제정헌법에서 남녀의 평등한 참정권이 인정되었다. 불과 73년 전이다.

최초로 여성참정권을 인정한 1920년으로부터 100여 년이 지났다. 그동안 여성의 지위는 크게 신장되어 세계 여러 나라에서 대통령, 총리 같은 정치가가 배출되었고, 정치인, 과학자, 예술가, 문학가, 사회운동가, 기업가, 스포츠인 등 다양한 분야에서 여자는 남자와 똑같이 능력을 발휘하고 있다. 그러나 실상을 들여다보면 한탄이 나온다. 아직도 많은 여성이 남자에 종속된 존재, 인간으로서 대우를 받지 못하는 존재로 살아가기 때문이다. 고등 교육을 받지 못하고, 재물과 교환되어 강제 결혼을 하는 여성들이 아직도 존재하고 심지어 중동에서는 여성이 단독으로 은행계좌를 만들지 못하는 나라도 있다. 여성 인권 향상을 남성과의 대립 혹은 대결로 보는 사람도 있지만, 여성 인권 향상은 남녀가 동등하고 조화롭게 협력하며 살아가는 것이며 서로에 대한 참된 인정이다.

이 사실을 반 총장은 잘 알고 있었다. 외교관으로서 첫 일을 시작한 인도뿐만 아니라 전 세계에서 많은 여성들이 불공정한 처우를 받는 것을 경험하였다. 그러하기에 사무총장에 취임한 초기부터 반 총장은 모든 사람의 인권을 향상시키는 것을 중요한 과제로 삼았으며, 특히 여권 신장과 양성 평등을 강조했다.

반 총장은 2009년 3월 5일 '세계 여성의 날(3월8일)'을 기념해 유엔에서 연설하면서 각국 지도자들에게 여성에 대한 폭력을 종식할 것을 촉구했다. 전 세계 여성 5명 중 1명은 성폭력 피해 경험이 있다는 통계를 이야기했다.

여성에 대한 폭력은 혐오스러운 일이며 인간성에 반하는 일입니다. 이는 유엔헌장에도 어긋납니다. 여성 폭력은 어떠한 맥락과 형태로든, 어떤 환경에서도 용인될 수 없습니다. 우리 모두 힘을 합쳐 변화를 이끌어내야 합니다.

반 총장은 또 〈인터내셔널헤럴드트리뷴[IHT]〉에 특별 기고문을 통해 여성 폭력의 실상을 이야기했다. 그는 이 기고문에서 '성폭력이 전쟁의 도구로 쓰이는' 아프리카 콩고를 방문해 성폭력 피해 여성을 만났을 때 느낀 참담함을 소개한 뒤 '의사들이 그 여성의 부상을 치료할 수는 있겠지만 영혼도 치료할 수 있을까'라고 반문했다. 조제프 카빌라 민주콩고 대통령을 만난 자리에서는 한 나라의 지도자라면 성폭력 문제와 맞서 싸울 의지가 있어야 한다는 뜻을 전하면서, 분쟁 지역 지도자들의 책임 있는 대처를 촉구했다.

국제의회연맹^{IPU}이 세계 여성의 날을 앞두고 발간한 보고서에 따르면 188개 국가의 여성 의원 비율은 평균 18.3%였다. 유엔에는 여성 관련 기관이 많았지만, 각 나라에서 여성들이 자신의 능력을 펼치게 만드는 데에는 큰 성과를 올리지 못하고 있었다. 취임 초에 유엔 개혁을 약속했던 반 총장은 개혁을 진행하면서 진정으로 여성을 위한 기구를 만들기로 결정했다.

마침내 반 총장은 2010년 유엔 산하의 여성 관련 위원회와 조직을 통합하여 '유엔여성기구$^{UN\ Women}$'를 출범시켰다. 그동안 각자의 길을 걷던 국제연합여성발전기금^{UNIFEM}, 젠더관련사무총장 특별자문관실^{OSAGI}, 여성지위향상국^{DAW}, 여성훈련원^{INSTRAW}이 통합되어 유엔여성기구로 재탄생했다. 유엔여성기구는 여성의 인권을 향상하는 일을 목표로 여성 차별 철폐, 여성 권익 향상, 경제개발·인권·안보 부문의 성평등 실현을 추진한다. 나아가 '여성에 대한 폭력을 종식하기 위한 단결 캠페인$^{Unite\ to\ End\ Violence\ against\ Women\ Campaign}$', '강간 중지$^{Stop\ Rape\ Now}$ 이니셔티브', '남성 지도자의 네트워크$^{Network\ of\ Men\ Leaders}$', '갈등 속 성폭력 특별대표$^{Special\ Representative\ on\ Sexual\ Violence\ in\ Conflict}$' 등의 업무를 병행했다.

반 총장은 칠레의 전 대통령 미첼 바첼레트$^{Michelle\ Bachelet}$를 첫 번째 총재로 임명해 유엔여성기구를 이끌도록 했다. 또한 여성을 위한 통합기구가 출범하도록 도와준 회원국들에게 감사의 말도 잊지 않았다.

"세계의 여성을 위해 일할 수 있는 유엔여성기구가 탄생할 수 있도록 도와주신 모든 회원국들에게 감사를 전합니다. 유엔여성기구는 양성평등, 여성의 기회 확산, 그리고 차별 해소 촉진을 위해 모든 노력을 다할 것입니다."

이를 위해 가장 먼저 유엔에서부터 양성평등을 실천했다. 유엔 고위직에서 여성이 40% 증가했고, 첫 여성 법률상담관, 첫 여성 정치자문관, 유엔평화유지군의 첫 여성 전투부대 지휘관 등이 탄생했다. 이후 유엔여성기구는 세계 여러 나라의 여성 관련 부처, 시민사회, 여성단체, 여성 지도자 등과 협력하면서 여성의 인권을 향상하고, 다양한 분야에서 여성의 참여를 높이는 성과를 거두었다. 또 아프리카와 남미, 아시아의 가난한 나라에서 소녀들이 교육을 받을 수 있게 지원하였으며, 여성에게 행해지는 폭력을 근절하기 위해 부단한 노력을 기울였으며, 여성의 인권 신장을 위한 캠페인도 쉬지 않았다.

대한민국 역시 유엔여성기구와 밀접한 관계 속에서 여성가

족부 장관이 매년 총회에 참석해 여성지위 향상 방안을 논의했으며, 유엔여성기구 출범 다음해인 2011년에 운영비용 300만 달러를 출연했다.

2015년 반 총장은 한국을 방문하여 이화여대에서 명예 여성학 박사학위를 받았다. 여성에 대한 폭력 종식운동, 양성평등, 여성인권 신장, 평등한 기회 보장 등으로 여성 권익에 이바지한 점을 인정받아 명예박사로 선정된 것이다. 이대에서 여성학 명예 박사학위를 받은 남성은 반 총장이 최초였다. 반 총장은 감사 인사에서 진정한 평등의 중요성을 설파했다.

여성에 대한 존중은 기본이며 더 나아가 진정한 평등이 실현돼야 합니다. 이는 단순한 구호가 아니라 유엔의 단결된 외침이며 우리는 이를 행동으로 뒷받침할 준비가 돼 있습니다. 전 세계적으로 여성은 남성보다 무보수 돌봄 노동을 하고 남성에 비해 가사노동 부담을 2.5배 더 지고 있습니다. 이는 금전적 가치가 엄청남에도 그 값어치를 제대로 인정받지 못합니다. 인구의 절반인 여성을 도외시하면 세계는 발전할 수 없습니다. 여성은 세상의 절반을 지탱하는 존재들이므로 이들을 대등하게 대하고 더 많은 기회를 줘야 합니다. 이제는 이 땅의 여성들이 정부와 기업에서 자신을 능력을 마음껏 펼칠 수 있도록 해야 합니다.

연설 마지막에 반 총장은 100년 전 여성 선각자인 유관순 열사를 상기시켰다.

여러분은 유 열사의 용기에서 힘을 얻어 평화와 진전을 위해 자신의 능력을 기여해야 합니다. 인권을 수호하고, 불의를 규탄하고, 모두를 위한 보다 나은 세상을 요구하십시오.

임기의 마지막 해인 2016년 3월, 제60차 유엔여성지위위원회^{CSW} 연례총회가 유엔본부에서 열렸다. 개막 연설에서 반 총장은 전 세계에 중요한 메시지를 보냈다.

여성의 인권이 침해받는 한 우리의 투쟁은 끝나지 않습니다.

'여성 유엔총회'라 불리는 CSW$^{Commission\ on\ the\ Status\ of\ Women}$는 각국 정부 대표 및 국제기구, NGO 관계자들이 모여 여성권한 강화를 위한 정책 개발을 논의하는 자리다. 제60차 CSW에는

1000여 개의 NGO와 8000여 명의 각국 대표가 참가했으며, 11일간 공식행사 외에 유엔 기구, 각국 정부, 시민단체 등이 주최하는 220여 개의 부대행사가 펼쳐졌다. 2016년의 주요 의제는 '여성 역량 강화와 지속가능한 개발과 연계'였다. 2015년 9월 제시된 2030 지속가능한개발목표(SDGs)의 17개 목표 중 제5목표인 '양성평등 및 여성 역량 강화 실현'을 위한 각국의 이행 노력과 도전과제를 논의했다. 또한 2013년 제57차 CSW에서 체결된 '여성과 소녀에 대한 모든 종류의 폭력 추방 및 예방' 합의문의 점검을 주된 목표로 삼았다.

반 총장은 양성평등을 위한 각국의 노력에 감사를 표하며 '아직도 여성 의원이 1명도 없는 의회를 가진 나라가 4개국, 여성 각료가 없는 나라도 8개국이나 됩니다. 여성 없는 국회와 내각이 없어질 때까지 매일 상황을 확인하고 밀어붙일 것입니다'라며 개선을 강하게 촉구했다. 응구카$^{Phumzile\ Mlambo-Ngcuka}$ 유엔여성기구 총재는 '다음 세대에게 더 나은 세상을 만들어주기 위해 빈곤을 종식시키고 젠더 관계를 개선할 수 있는 일생일대의 기회가 여러분의 손에 달려 있다'고 강조했다.

유엔여성기구는 2030어젠다의 구체적인 실행방안을 모색하기 위해 주요 언론사와 파트너십을 체결하는 새로운 미디어 전략을 세웠다. '양성평등 미디어 콤팩트를 위한 스텝잇업^{Step it Up for Gender Equality Media Compact}' 조약에는 세계 각국의 35개 언론사가 창립 구성원으로 이름을 올렸다.

그럼에도 여성은 아직 억압받고 있으며, 선진국이라 부르는 미국, 영국, 일본에서도 여성의 지위는 남성과 견줄 때 평등하지 못하다. 개발도상국에서 여성의 역할은 남성을 보조하는 것이 대부분이고, 집안의 경제권도 대부분 남자들이 가지고 있으며 학대받는 여성들도 많다. 반 총장은 그 상황을 개선하려 부단히 노력했다. 여성의 힘이 위대하다는 것을 잘 알기 때문이다. 여성들이 더 나은 교육을 받고, 차별 없이 능력을 발휘하고 사회를 이끌어간다면 진정 행복한 세상이 된다는 것을 믿기 때문이다. 그리고 그가 믿고 실천한 만큼 여성들은 자기 자신을 찾아가고 있으며 세상은 그만큼 더 살기 좋은 곳이 되어가고 있다.

가난한 나라의 식량위기를 구호하다

전 세계의 농업기술은 갈수록 발달하고 있으며, 곡물을 비롯한 먹을거리 생산도 수십 년 전에 비해 놀랍도록 증가했다. 그러나 세계에는 여전히 굶주리는 사람이 줄어들지 않고 있다. 식량 증산이 인구 증가를 따라가지 못할 뿐만 아니라 부유한 국가의 농업생산물이 가난한 나라에 공급되는 유통 경로도 미비하기 때문이다. 인간 삶의 가장 근본적 요소인 식량문제를 해결하지 않고서는 경제발전이나 평화를 논하기는 어렵다.

반 총장은 갈수록 심각해지고 있는 세계 식량위기를 극복하기 위해 국제기구의 수장들로 구성된 비상대책기구를 가동했다. 2008년 4월 스위스 베른의 만국우편연합[UPU] 사무국에서

27개 유엔 산하기구 사무총장들이 참석한 가운데 '유엔 시스템 조정 집행이사회^{CEB}'를 열고 식량위기 대책을 협의했다. 반 총장과 산하기구 총장들은 세계적 식량값 폭등으로 가난한 나라들에서 식량폭동이 빈발하는 상황을 점검하고 식량구호자금을 확대하기로 의견을 모았다. 또한 식량 보호주의 옹호론자들과 시장 개방주의자, 바이오 연료 지지자와 반대자들에 대해서도 의견을 나누었다.

회의에는 자크 디우프 식량농업기구^{FAO} 총장, 조세테 셰란 세계식량계획^{WFP} 총장, 로버트 졸릭 세계은행 총재, 레나드 바게 국제농업개발기금^{IFAD} 총재 등이 참석했다. 엘레나 포노마레바 유엔 대변인은 '글로벌 식량위기와 그에 대한 유엔의 해결책이 이번 토론의 핵심'이라고 말했다. 개도국의 인구 증가, 바이오 연료용 작물재배 증가, 빈번해진 가뭄과 홍수 등은 세계적으로 식량값 급등을 유발한 요인이었다.

FAO$^{\text{Food and Agriculture Organization of the United Nations}}$는 곡물값 급등으로 가난한 37개 나라가 식량폭동의 위험에 처해 있다고 경고했으며, WFP$^{\text{World Food Programme}}$는 '식량공급을 위해 7억 5500만 달러의 추가 지원이 필요하다'고 긴급 지원을 요청했다. 극빈국 등에서 1억 명의 사람들이 소득 이상의 식량값 급등으로 굶주림에 직면해 있는 상황이었다. 반 총장은 이 문제에 대해 깊은 관심을 기울였다.

"가파르게 치솟는 식량가격은 실제적인 지구 전체의 위기입니다. 전 세계적인 식량위기를 극복하기 위해 유엔 비상대책기구를 설립하기로 합의했습니다. 최근 식량위기는 유례없는 도전이며 취약한 계층에 여러 영향을 미치고 있습니다. 식량위기의 원인이 되고 있는 기후변화 문제를 비롯해 무역과 시장구조 등 다양한 분야의 해법을 논의할 것입니다."

파스칼 라미 세계무역기구^{WTO} 사무총장은 식량위기가 세계시장개방의 필요성을 다시 한 번 상기시킨다고 강조했다. 부유한 국가에서 제공하는 농업보조금이 가난한 나라들의 농업을 파괴하고 있기 때문에 시장개방을 통해 부유한 국가의 '횡포'를 줄일 수 있다는 것이다. 세계식량계획은 식량 가격 폭등으로 1억 명 이상이 기아 상태에 빠질 위험에 처해 있다고 경고했다. 식량위기 극복을 위한 비상대책기구는 6월부터 로마에서 첫 회의를 열고 본격적인 활동을 시작했다.

반 총장의 제안에 따라 6월 5일 로마에서 열린 유엔 식량

안보정상회의에 참석한 나라는 181개국이었다. 3일간의 열띤 토론 끝에 14개 항의 공동선언문을 채택했다. 식량난을 겪고 있는 국가들에 65억 달러를 지원하고, 지구촌 식량 생산량을 2030년까지 2배로 늘리며, 개발도상국의 농민들에 대한 지원도 확대하기로 했다. 굶주림에 시달리는 60개국의 7500만 명에게는 12억 달러를 추가 지원하는 것에도 합의했다. 더불어 도하개발어젠다^{DDA} 협상은 가까운 시일 내에 성공적으로 타결되도록 노력하기로 했다. 65억 달러의 지원금은 이슬람개발은행이 15억 달러, 세계은행이 12억 달러, 아프리카개발은행이 10억 달러를 각각 내기로 했다. 영국, 일본, 네덜란드, 베네수엘라 등도 동참하기로 약속했다.

반 총장은 식량위기를 줄이기 위해 세계의 주요 기관들이 힘을 합해야 한다고 당부했다. 참석자들은 공동선언문을 통해 '지구촌 8억 6200만 명이 굶주림에 시달리고 있다. 농업생산과 투자를 늘려 굶주림을 물리치고 전 인류의 식량을 보장할 것을 공약한다'고 밝혔다. 또한 식량 부족과 치솟는 가격을 막기 위한 인도주의적 중재에 힘을 기울이기로 의견을 모았다.

새로운 유엔이 필요하다

2009년 4월 2일, 영국 런던에서 G20(주요 20개국) 정상회의가 열렸다. 회의가 열리기 1개월 전 반 총장은 개발도상국 지원을 위한 1조 달러 규모의 기금을 조성하자고 제안했다. 유엔본부에서 G20 정상회의 주최국인 영국의 고든 브라운 총리와 만나 회담을 가진 뒤 이같이 밝혔다. 나아가 G20 회원국 지도자들에게 서한을 보내 1조 달러 기금 조성에 협력해줄 것을 요청했다.

"개도국에는 무엇보다 진정한 글로벌 경기 부양책이 필요합니다. 1조 달러가 매우 큰 금액이지만 기존의 틀과 제도를 이용해 충분히 조성할 수 있습니다."

반 총장이 제안한 글로벌 경기 부양책에는 가난한 나라들에 대한 원조와 투자에 필요한 대출 및 유동성 지원 등이 포함되었다. 4월 2일 런던에 모인 20개국 정상들은 반 총장의 요청에 따라 세계경제 성장을 위해 1조 1000억 달러를 투입하기로 했다. G20회의가 열리기 전 각국 사이의 불협화음을 털어내고 국제통화기금IMF 재원 확대를 골자로 하는 6개 항의 공동선언문을 채택하고 막을 내렸다.

특히 정상들은 IMF와 세계은행 등을 통해 1조 1000억 달러를 조성해 신흥국과 개발도상국 지원에 투입하기로 했다. IMF 재원 5000억, IMF 특별인출권(SDR) 2500억, 무역금융 2500억 달러를 증액하고 이와 함께 다자개발은행의 대출규모를 1000억 달러 확대하기로 했다. 아울러 2010년까지 경기부양을 위해 5조 달러를 집행하기로 했다.

또한 세계무역기구는 자유무역을 저해하는 각국 사례를 분기별로 보고하기로 하는 등 보호무역주의에 대해 반대 입장을 밝혔다. 나아가 헤지펀드 규제, 은행비밀주의 철폐, 조세피난처 명단 공개, IMF와 세계은행 개혁 등에도 합의했다.

반 총장은 세계경제 활성화에 그치지 않고 글로벌 위기 해결을 위해 새로운 다자주의가 필요하다고 강조했다. 2009년 8

월 서울 프라자호텔에서 열린 제39차 유엔협회세계연맹^{WFUNA} 총회에서 새로운 다자주의를 역설했다. '유엔을 위한 세계시민'이라는 주제로 열린 총회에는 세계 60개국의 유엔협회 대표단 250여 명이 참가해 지속가능한 개발, 평화와 군비축소, 인권, 유엔 개혁 등 의제를 토의하고 그 결과를 담은 '서울선언'을 채택했다. 유엔협회세계연맹은 109개국의 유엔협회로 구성된 유엔 관련 비정부간기구로, 3년마다 총회를 개최하며 한국에서 총회가 열리기는 처음이었다.

반 총장은 기조연설을 통해 새로운 다자주의가 필요하다고 강조했다.

> 우리는 다양한 위기의 시대에 살고 있습니다. 기후변화와 대량살상무기의 확산, 빈곤 등이 위기의 모습입니다. 이러한 문제들은 한 국가의 힘으로 해결할 수 없습니다. 이것이 새로운 다자주의가 필요한 이유입니다.

이어 기후변화, 평화와 안정, 빈곤, 인권 등을 '새로운 다자주의'의 4개 중심축이라고 소개한 뒤 새로운 다자주의는 새로운 유엔이 필요하다고 역설했다. 유엔이 지구의 문제를 해결하는 데 있어 더욱 신속하고 유연하며 신뢰할 수 있는 기관이 될 것을 천명하고 각국이 유엔과 함께 글로벌 위기를 해결해나가는 데 동참할 것을 당부했으며 각 회원국들의 큰 지지를 받았다.

칠레 대지진의 참상에서
구호에 앞장서다

이른바 '칠레 광부 매몰사건'은 그 참상과 극적인 구호, 위대한 인간 승리가 한편의 드라마처럼 세계인에게 각인되어 있다. 2010년 8월 6일, 칠레 코피아포 산호세 구리 광산이 붕괴되는 사고가 일어났다. 지하 700m 아래 갱에서 광부 31명, 트럭 운전수 1명, 조수 1명 등 모두 33명이 한순간에 매몰되었다. 자칫 모두가 사망할 수도 있는 절체절명의 위기였으나 전 세계인의 관심과 지원으로 69일 만에 전원이 구조되는 기적을 만들어냈다.

산호세 광산이 무너진 원인은 약 6개월 전으로 거슬러 올라간다. 2010년 2월 27일, 규모 8.8의 강력한 지진과 지진해일(쓰나미)이 덮치면서 칠레는 삽시간에 참상의 땅으로 변했다. 진원은

수도 산티아고에서 얼마 떨어지지 않은 마우레 주의 콘셉시온 북쪽 해저였다. 다행히 대도시 산티아고 중심지는 빗겨갔다.

아이티 지진이 일어난 지 겨우 46일이 지난 뒤였기에 아메리카 대륙을 포함한 전 세계가 긴장하지 않을 수 없었다. 다만 아이티와 달리 칠레는 정부 및 사회 체제가 잘 자리 잡은 나라이고 법과 건축 규제로 지진 대비가 잘 되어 있어 아이티처럼 당장 피해가 심각하지는 않았다. 그러나 20만 명 이상의 인명피해가 있었던 아이티에 비해 중장기적으로는 칠레의 피해가 더 심각했다. 칠레는 인명피해는 적었던 반면 사회 인프라가 전부 파괴돼 3백억 달러 이상의 피해를 입었다.

간선도로 중 하나인 태평양 연안 남북종단도로가 끊어져 복구와 구호에 큰 어려움을 겪었다. 원래 도로는 아스팔트 포장이었으나 해일에 쓸려 나갔다. 항구의 선박들도 상당수가 바닷물에 쓸려 나가 파괴되었다. 어느 것 하나 원래 있던 자리에 있지 않았다. 땅의 흔들림보다 더 무서운 물의 힘 때문이었다. 지진 발생 후 칠레 정부는 '국가 비상사태'를 선포하고 수습에 최선을 다했으나 700명 이상의 사망자와 200만 명 이상의 이재민이 발생했다.

당시 칠레는 20년 만에 정권교체를 눈앞에 두고 있었다. 새로운 대통령의 취임이 얼마 남지 않은 상황에서 유례없는 비상사태가 발생했다. 칠레의 지진 여파로 일본에서도 지진해일이 일어나 피해를 입었으며 일본 태평양 연안에 지진해일 경보가 발령될 정도였다. 이 지진의 여파로 추후 칠레 광부 매몰사건도 발생했다.

2010년 3월 반 총장은 지진 현장을 긴급 방문했다. 피해 상황이 아이티보다 훨씬 심각하다는 것을 파악하고 임기가 며칠 남지 않은 바첼레트 칠레 대통령을 만나 대책을 협의했다. 체계적인 지원방안을 마련하기 위해 칠레 내각 장관들과 유엔 간부들 간 합동 각료회의를 열었다. 유엔 지원 항목 중 위성통신 전화, 발전기, 야전병원 등을 우선 지원하고 식량, 식수, 생필품 등도 대거 지원했다. 반 총장은 지진 피해를 완전 복구하는 데 수십 년이 걸릴 수도 있다고 우려하면서 각국의 지원을 호소했다.

각료회의가 끝난 후 반 총장은 피녜라 칠레 대통령 당선자를 만나 복구에 대해 협의한 뒤 콘셉시옹 지역으로 내려가 피해 현장을 시찰했다. 파괴된 터전 곳곳을 둘러보고 그 아픔을 함께 하면서 유엔의 지원이 신속하고 효율적으로 이루어지도록 이끌었다. 칠레 대지진은 한 국가를 초토화시키고 국민들을 곤경에 처하게 했으나 유엔과 국제사회의 도움으로 상처를 딛고 일어설 수 있었다.

파키스탄이 안정을 찾다

"세계 여러 곳의 자연재해 피해 현장을 보았지만 이런 참상은 처음입니다. 제가 오늘 목격한 파괴와 고통의 현장을 잊을 수 없습니다."

2010년 8월 파키스탄에 금세기 최악의 홍수가 닥쳤다. 파키스탄은 인구가 1억 8000만 명이 넘는 인구 대국이지만 경제적으로는 가난한 나라에 속한다. 인도와 국경을 접하고 있지만 1947년 독립한 이래 국경분쟁이 끊이지 않는다. 그러나 자연재해는 없었기에 국민들이 살아가는 데 커다란 고통은 없었다. 그런데 2010년 급작스럽게 쏟아진 폭우로 인한 홍수는 파키스탄

전체를 공포로 몰아넣었다.

현장을 둘러본 반 총장이 '이런 참상은 처음'이라고 한탄할 정도로 피해가 심각했다. 7월부터 내린 폭우와 홍수로 1600명 이상이 사망하고 1억 4000만 명이 심각한 피해를 입었으며, 2000만 명 이상이 이재민으로 전락했다. 약 600만 명이 치명적인 질병 위험에 처해 사망자는 더 늘어날 전망이었다. 유엔은 350만 명의 어린이가 수인성 전염병에 노출돼 있다고 보고했다.

인명피해뿐 아니라 마을과 농경지가 물과 토사에 휩쓸렸고, 저장해 둔 곡식마저 순식간에 쓰레기로 변했다. 몇몇 지역에서는 80%의 농장 가축들이 유실되었다. 불어난 물은 남쪽으로 흘러가 인구가 더 많은 남쪽 지방까지 홍수 피해를 입었다. 특히 피해가 심각한 펀자브, 북부 카이바 팍툰콰, 남서부 발루치스탄 등에는 비상사태가 선포됐다.

구호를 위한 노력은 긴급사태가 발생하는 속도를 따라가지 못했다. 먹을 것조차 없어 고통 받고 있는 주민들은 2차 피해마저 우려되어 악몽과 공포의 나날을 보냈다. 그러나 국제사회의 도움의 손길은 부족한 실정이었다. 홍수 피해가 알려지면서 국제 구호단체들이 속속 파키스탄으로 들어갔으나 파괴된 곳이 너무 많아 구호활동을 펼치기 어려웠다.

국제구호단체 월드비전은 '비가 계속 와서 긴급 구호활동을 펼치기 어렵다. 피해가 확산됨에 따라 구호 규모를 추산할 수 없다'고 밝혔다. 〈뉴욕타임스〉는 파키스탄 정부가 이재민 구호 작업을 신속하게 진행하지 못해 2차 위기가 우려된다고 보도했다. 가장 대표적인 2차 위기는 물과 식량 부족, 수인성 전염병, 아사자, 경제 위기 등이었다. 특히 식수와 식량 공급이 부족한 데다 구호활동이 더디게 진행될 경우 생존에 위협을 느낀 주민들이 약탈에 나서거나 시위 등 대소동을 벌일 수도 있었다.

반 총장은 어렵게 현장에 도착한 뒤 참사를 둘러보고 이재민 구호에 당장 4억 6000만 달러가 필요하다고 국제사회에 호소했다. 그 호소에 여러 나라의 지원이 이어졌다. 유럽연합은 대홍수 피해가 발생한 후 3차례에 걸쳐 총 7000만 유로(약 1050억 원)의 인도주의 구호금을 제공했으며 각국의 따뜻한 손길이 이어졌다. 한국 정부도 50만 달러의 긴급구호품과 함께 50만 달러를 지원했다.

이후 몇 년에 걸친 지원과 복구사업으로 파키스탄은 차츰 안정을 되찾아갔다. 종교 갈등으로 인한 폭탄 테러가 종종 일어나는 불안한 상황이지만 2010년의 대홍수 참상은 극복할 수 있었다. 여기에는 반 총장의 신속한 현장 시찰과 국제사회에의 호소, 유엔의 지원이 큰 역할을 했다.

아프리카에 따뜻한 손길을

2007년 9월 반 사무총장은 포니정재단이 수여하는 제1회 포니정혁신상을 수상했다. 포니정혁신상은 현대자동차가 정치, 경제, 사회, 문화 전반에 걸쳐 혁신적인 사고로 긍정적 변화를 일으키는 데 공헌한 개인이나 단체에게 주는 상이다. '포니 정'은 현대자동차의 공동창업자인 고 정세영 현대산업개발 명예회장의 애칭이다.

반 총장은 상금 10만 달러 전액을 유엔 해비타트에서 수행하는 케냐 빈민가 재건사업인 키베라 청소년 건설기술 교육 프로그램에 기부했다. 아프리카 최대 슬럼가 가운데 하나인 케냐 키베라는 반 총장이 2007년 1월 아프리카 순방 때 방문했던 곳으로, 가난한 사람들의 삶을 목격한 반 총장은 당시 빈곤과 사회악 척결에 적극 나서겠다고 약속했었다. 반 총장은 상을 받은 뒤 수단을 방문했는데, 하루에 40센트로 살아가는 사람들의 모습을 보고 마음 아파하며 개인적으로라도 아프리카 빈민들을 도와야겠다고 다짐했다.

2008년 반 총장이 기부한 10만 달러는 케냐 빈민 청년 70여 명의 교육비로 쓰였다. 반 총장이 기부한 돈은 젊은이들이 특수벽돌, 강화타일, 방화/방탄문 제작기술 교육을 받는 데 쓰였으며, 교육을 받은 젊은이들은 새로운 삶을 개척할 수 있었다.

아프리카에 관심을 가진 반 총장은 임기 중 여러 차례 아프리카를 방문하여 유엔과 국제사회가 지원할 수 있는 분야와 방법을 모색하여 도움을 아끼지 않았다. 2011년 5월 제18차 비전코리아 국민보고대회에서는 축사를 통해 아프리카의 잠재력을 높이 평가하고 한국 등 국제사회가 아프리카 투자 기회를 적극 활용해야 한다고 강조했다. 또 '컬러풀 아프리카'를 주제로 국민보고대회를 개최함으로써 한국 내 아프리카 인식 제고에 기여한 〈매일경제〉에 깊은 감사를 표했다. 반 총장은 비디오 영상 메시지를 선보이는 등 국민보고대회에 각별한 관심을 보였다.

"아프리카는 역동적인 곳입니다. 아프리카의 동반자로서 우리가 해야 할 일은 이 모멘텀을 잡는 것입니다. 아프리카는 지난 10년 동안 빠르게 경제성장을 이뤘습니다. 이것은 이전의 아프리카의 모습과는 뚜렷이 대조됩니다."

세계에서 경제성장률이 가장 높은 6개국이 사하라사막 이남에 있으며, 세계에서 가장 빨리 성장하는 통신기술 시장이 바로 아프리카이다. 반 총장은 특히 천연자원이 풍부한 아프리카가 신녹색 경제를 위한 대륙으로 안성맞춤이라고 강조했으며, 한국의 아프리카 지원 사례를 들며 더 많은 지원을 요청했다. 유엔세계관광기구 산하 스텝재단의 도영심 이사장은 아프리카에 도서관 설립 운동을 해왔으며, 류종수 유엔재단 상임고문은 말라리아 퇴치를 위한 모기장을 설치하는 '넷츠고! 코리아' 캠페인을 벌여 현지에서 큰 호응을 얻었다.

이스라엘과 팔레스타인의
화합을 위해

무려 70년 넘게 이어져 온 팔레스타인-이스라엘의 갈등은 가장 해결하기 어려운 대립일 것이다. 두 나라의 갈등은 2차 대전이 종결되고 1948년 이스라엘이 세워지면서 시작되었다. 그동안 수많은 정치 지도자들이 두 나라의 화해와 평화를 위해 직·간접적으로 노력해 왔으나 분쟁은 그치지 않고 반복되었다.

1948년 이스라엘이 세워진 직후 이집트를 비롯한 7개 아랍 국가들이 제1차 중동전쟁을 일으켰다. 이 전쟁에서 이스라엘이 승리해 팔레스타인 지역의 80%를 차지했고 팔레스타인 사람들 90만 명은 하루아침에 삶의 터전을 잃고 유랑민으로 전락하였다. 이후 팔레스타인 사람들은 1964년 팔레스타인해방기구(PLO)를 결성해 독립국가 건설을 위한 투쟁에 나섰고, 중동 지역은 유혈 분쟁이 그치지 않았다. 이스라엘은 이 지역이 원래 자기 땅이라 주장하고, 팔레스타인은 2천년 동안 살아온 거주지였기 때문에 피차 양보할 수 없었다.

유엔은 2차 대전 후부터 팔레스타인특별위원회^{UNSCOPUN}를 설치하여 문제 해결에 나섰으나 첨예한 종교 대립, 지리적 요건, 강대국의 이해관계까지 겹쳐 지금까지 양측이 만족하는 해법을 내놓을 수 없었다. 다행히 1993년에 영토와 평화의 교환을 원칙으로 한 '오슬로평화협정'이 체결되었고 1994년 팔레스타인자치정부$^{Palestinian\ Authority(PA)}$가 세워졌다. 그러나 2000년대 들어 팔레스타인은 분열되었고 이스라엘과의 갈등이 재현되어 군사충돌, 암살과 자살테러 등이 끊이지 않고 있다. 팔레스타인은 현재 독립국가로 인정받지 못하고 있다.

2009년에도 충돌이 있었다. 이스라엘에 저항하는 팔레스타인 무장단체 하마스^{HAMAS}와 이스라엘이 서로 로켓공격을 퍼붓는 사태가 벌어졌다. 1월 14일 반 총장은 급히 중동으로 날아갔다. 출발하기 전에 유엔본부에서 이스라엘과 하마스 양측을 향해 폭격을 중단하고 휴전 협상에 착수할 것을 촉구했다.

"지금 당장 살상과 파괴를 중단해야 합니다."

충돌이 발생하기 며칠 전인 1월 8일 즉각적인 휴전을 촉구하는 유엔 안보리 결의안이 통과됐음에도 양측이 로켓 공격을 하고 이스라엘군이 지상작전을 펼치면서 사망자가 1000명에 달하자 반 총장은 직접 분쟁지로 갔다. 팔레스타인 지역에 평화유지군을 비롯해 각종 인권조직 등 1만여 명의 유엔 직원과 자원봉사자들을 파견하고 있다는 책임감도 작용했다. 이스라엘 벤구리온 공항에 도착한 반 총장은 곧바로 이집트 카이로로 이동해 도착하자마자 호스니 무바라크 이집트 대통령을 만나 가자-이집트 국경 개방과 국경감시군의 상주 등 휴전안의 중요 내용을 논의했다.

곧이어 요르단 암만으로 날아가 압둘라 빈 알 후세인 국왕과 만나고, 이어 이스라엘과 팔레스타인 자치정부를 방문해 에후드 올메르트 총리와 압바스 수반 등을 차례로 만나 "인권과 국제법의 이름으로 유엔 결의안은 존중돼야 한다"며 즉각적인 폭격 중단을 촉구했다. 나아가 요르단과 시리아, 터키, 쿠웨이트 등 관련 당사국들을 방문해 이스라엘과 하마스에 직접적 영향력을 발휘해 줄 것을 당부했다.

반 총장은 6일 동안 무려 8개 당사국과 주변국을 방문해 20명 가량의 국가원수 및 외교/국방 장관들을 만났다. 이 같은 행보에 대해 핵심 측근은 '현재 이집트 중재안 등이 효과를 발휘하지 못하고 있는 상황에서 반 총장의 적극적 행보가 국면 타개의 전환점이 될 수 있다'고 말했다. 반 총장은 이렇게 강조했다.

"내 목적은 단순합니다. 이곳에 평온한 삶이 다시 시작할 수 있도록 돕는 것뿐입니다."

1월 19일 반 총장의 활약으로 양측은 휴전을 선언하고 무기를 내려놓았다. 반 총장은 휴전에 대해 긍정적 평가를 하면서도 중립적 국제기구인 유엔을 공격한 것에 대해서는 비판을 서슴지 않았다.

"휴전을 선언한 것은 큰 다행입니다. 앞으로 유엔은 인도적인 지원, 가자의 경제사회 복구를 위해 모든 노력을 다할 것입니다. 사태가 발생한 날부터 밤낮 없이 세계 각국의 지도자들과 이 문제의 해결을 위해서 노력했습니다. 이스라엘 지도자들과도 격론을 벌였습니다. 도저히 용납할 수 없는 행위였기 때문에 강력히 규탄했습니다. 물론 이스라엘 대통령, 총리 국방장관 모두들 깊이 사죄했지만 그런 사죄를 넘어 유엔에 대한 공격이 없도록 적극적으로 다짐을 받았습니다."

다음 날인 1월 20일 반 총장은 폐허가 된 가자지구를 방문해 유엔 시설 공격에 대한 철저한 조사를 촉구했다. 특히 파괴된 유엔팔레스타인난민기구^{UNRWA} 건물을 살펴보고 무력 공격을 비판했다.

"유엔에 대한 공격은 잔인무도하고 도저히 받아들일 수 없는 것입니다. 다시는 이 같은 일이 발생하지 않도록 적절한 사법체계를 통해 철저한 조사와 해명이 있어야 합니다."

가자지구에서는 이스라엘의 공격으로 UNRWA 본부를 비롯해 유엔이 운영하는 학교 2곳 등이 파괴되는 피해를 입었다. 유엔 직원과 현지 직원 20명이 사망한 것도 큰 비극이었다. 이스라엘이 공습을 시작한 후 국가 정상급 지도자가 가자지구를 방문한 것은 반 총장이 처음이다. 반 총장은 이스라엘-가자 접경을 통과하면서 희생자 가족들을 위로하는 특별성명을 발표했다.

"가자지구 주민들에게 깊은 연대를 표하며 이번 전쟁으로 가족을 잃은 많은 분께 심심한 위로를 전합니다."

반 총장은 그날 저녁 7시까지 이스라엘의 병력을 모두 철수하도록 이끌어 무력분쟁을 종결하는 데 큰 역할을 했다.

6장

평화를 위한
두 번째 임기를 시작하다

만장일치로 연임에 성공하다

5년은 빨리 지나갔다. 취임선서를 한 지가 바로 어제 같은데 어느새 4년 반이 훌쩍 지난 것이다. 1600일 동안 반 총장은 150여 나라를 방문하고, 수십 명의 국가수반을 직접 만나 토론과 협의했으며, 수백 건에 이르는 범세계적인 사안을 처리했다. 역대 그 어떤 사무총장보다 정열적으로 일했으며, 유엔에 근무하는 모든 사람들과 각 나라 대표들은 이것을 잘 알고 있었다. 그러나 강한 카리스마가 없다는 지적도 종종 있었다.

사무총장은 특별한 실책이 있거나 지나치게 무능력하지 않다면 연임을 하는 것이 통례였다. 하지만 6대 사무총장인 이집트의 부트로스 부트로스 갈리Boutros Boutros-Ghali는 단임으로 그쳤다. 초대 총장 트뤼그베 리는 중도에 사임했고, 2대 총장 다그 함마르셸드는 업무 수행 중 안타깝게도 비행기 사고로 추락사했다. 반 총장이 연임을 목표로 활동한 것은 아니었으나 유엔 내에서 나아가 국제사회에서의 평가는 대단히 긍정적이었다. 또 그에 필적할 만한 인물도 나타나지 않았다. 6월에 들어 연임이 유력시되자 영국의 BBC가 이 사안을 가장 먼저 보도했다.

"반기문 총장은 외교관들 사이에서 근면성실하고 진지한 지도자로 명망을 얻고 있다. 그는 합의와 조화를 이끌어내는 능력이 뛰어난 인물이다."

서구 강대국에 의해 창설된 유엔은 70여 년의 시간을 지나는 동안 서구적 인식과 문화가 지배적이었다. 버마의 우탄트가 1971년 사무총장에서 물러난 이후 동양인 사무총장은 무려 36년 만이었다. 반 총장 임기 초에 유엔의 직원들과 각국 대표들은 자신들과 다른 사고와 문화를 지닌 동양인이 낯설기만 했고, 자국의 이익을 최우선으로 여기는 국제사회에서 겸손과 공동의식, 화합, 양보는 선뜻 받아들이기 어려웠다. 그러나 반 총장은 겸양지덕 등 동양의 마인드로 모든 일을 처리해 나갔으며,

처음에는 반신반의하던 사람들도 동양의 정신과 방식에 감동을 받았고, 반 총장과 아시아에 대한 인식을 재정립하는 계기가 되었다.

테드 터너 유엔 재단 이사장은 반 총장을 이렇게 평가했다.

"반 총장은 자신이 맡은 업무를 끝까지 해내기 위해 모든 것을 다 바치는 사람이다."

그 외에도 수많은 사람들이 반 총장의 능력과 성과에 대해 긍정적 평가를 내놓았다. 가장 중요한 것은 반 총장의 마음가짐이었다. 기자들이 연임을 원하는 이유를 묻자 겸손하면서도 굳은 의지로 대답했다.

"그동안 기후변화를 세계 의제 가운데 으뜸으로 삼으려는 노력을 해왔으며, 인도주의를 파괴하는 행태를 근절시키기 위해 유엔 차원에서 노력했습니다. 세계 경제위기 속에서 빈곤층을 보호하는 일도 중요합니다. 나는 오직 전 인류를 위해 봉사한다는 마음으로 유엔을 계속 이끌어 나가겠습니다."

미얀마에 몰아닥친 사이클론에 대한 국제적 구호, 코트디부아르의 대선에서 패배한 로랑 그바그보를 추방한 것에 대해 국제사회가 모두 찬사를 아끼지 않았다. 아랍의 민주화 시위자들을 지지하며 독재자들에게 국민의 목소리에 귀를 기울이라고 충고한 것도 세계 역사를 바꾼 이정표였다. 세르비아로부터 코소보가 독립하는 과정에서 강대국 러시아와 충돌이 있었으나 반 총장은 모두가 원원하는 결과를 도출해냈다. 2010년 초 이스라엘이 팔레스타인 가자지구를 침공하자 평화적 중재를 위해 8개국을 다니며 협상을 모색하는 리더십을 보여주었다. 그 외에도 비핵화 노력, 여성과 아동의 인권 신장 등에서 큰 성과를 이뤄냈다.

이러한 업적들을 바탕으로 반 총장이 연임 계획을 발표하자 미국, 중국, 프랑스 등 주요 국가들은 곧 지지 의사를 표명했다. 이제 남은 것은 192개 회원국들의 신임 여부를 묻는 찬반총회였다. 재임 안건은 2011년 6월 21일 오후 3시, 유엔본부 총회장에서 일사천리로 통과됐다. 스위스 전 대통령 요제프 다이스 유엔총회 의장이 총회 시작을 알린 뒤 넬슨 메소네 안전보장이사회 의장이 안건을 발표했다.

"반기문 총장의 연임에 대한 안건은 15개 안보리 이사국이 모두 찬성했습니다. 이에 결의안을 총회에 제출합니다."

결의안은 이례적으로 15개 안보리 이사국과 5개 지역그룹 의장 등 20명이 공동 서명했다. 안보리 이사국과 지역그룹 의장들이 모두 서명한 것은 전례를 찾기 힘든 일이었다. 다이스 의장이 '반대하는 회원국이 없으면 박수로 통과시키겠다'고 선언하자 총회장을 메운 192개 회원국 대표들이 일제히 박수를 보내 찬성의 뜻을 밝혔다. 총회 시작 15분 만에 재임안이 승인되는 순간이었다. 반대도 없었고 경쟁자도 없었다. 북한의 유엔 대사도 박수를 보냈다. 그에 따라 다이스 의장은 공식 선언했다.

"192개 회원국 만장일치로 반기문 총장의 재임안이 통과되었습니다."

반 총장이 총회장으로 들어서자 회원국 대표들은 물론 방청석에 앉아 있던 출입기자들과 유엔 직원들 모두 기립박수로 환영했다. 이후 1시간 동안 회원국 대표들의 찬사와 축하가 이어졌다. 아프리카, 아시아, 동유럽, 서유럽(및 기타), 중남미 등 5

개 지역그룹 대표들이 연단에 올라 반 총장이 4년 반 동안 이룬 성과에 찬사를 보내며 축하 메시지를 발표했다. 아프리카를 대표한 세네갈 대사는 '민주주의와 인권 수호, 기후변화에 대한 대처 등 그가 첫 임기 동안 이룬 업적은 매우 성공적이었다'고 말했다. 이어 아시아를 대표한 쿠웨이트 대사는 '국제사회의 안전과 평화를 위해 다시 유엔 사무총장직을 맡아준 반 총장에게 감사한다'고 강조했다. 동유럽 대표 몰도바 대사, 중남미 대표 볼리비아 대사, 서유럽(및 기타) 대표로 이스라엘 대사 등이 차례로 나와 축하했다. 수전 라이스 유엔 주재 미국 대사도 반 총장을 '평화와 안보의 챔피언'이라고 지칭하며 미국의 전폭적인 지지를 보여줬다.

"반 총장만큼 유엔 사무총장의 역할을 제대로 이해하는 사람도 없었다. 미국 정부는 반 총장에게 감사하고 있다."

반 총장은 연임 수락연설에서 감사 인사와 함께 2기 임무 수행의 시작을 선포했다. 수락연설에서는 21세기의 새로운 도전을 어떻게 맞이할 것인가에 대한 내용이 담겨 있었다.

우리는 통합과 상호 연결의 시대에 살고 있습니다. 어떤 나라도 혼자서 오늘날 세계가 직면한 문제를 해결할 수 없는 시대에 살고 있습니다. 지구촌이 직면한 문제를 해결하기 위해서는 모든 나라가 동참해야 합니다. …유엔의 역할은 선도하는 것입니다. 우리 모두는 오늘 여기서 무거운 책임을 공유합니다. 유엔은 과거 어느 때보다 앞장서 우리에게 요구된 것들을 실천해나가야 합니다. 그리고 결과를 만들어내야 합니다. …변화를 만들어나가야 합니다."

덧붙여 가장 중요한 말을 했다.

오늘날 세계는 중요한 이슈에 대해 유엔에 더욱 의존하고 있습니다. 우리에게 감당할 수 없는 도전이란 없습니다. 함께라면 불가능한 것은 없습니다.

반 총장은 연설 마지막에 '메르시(프랑스어)·생큐(영어)·슈크란(아랍어)·셰셰(중국어)·스파시바(러시아어)·그라시아스(스페인어)'라고 6개 국어로 인사했으며 총회장에는 환호가 터져 나왔다. 총회가 끝난 뒤 반 총장은 입구에서 회원국 대표들과 일

일이 악수했다. 반 총장을 처음으로 만난 젊은 대표들은 사인을 부탁했다. 한 외국 기자는 그 모습을 보고 이렇게 논평했다.

"반기문 총장은 마치 '록스타'처럼 보인다."

연임에 성공한 반 총장은 스웨덴의 외교관 얀 엘리아손$^{Jan\ Eliasson}$을 사무부총장으로 임명하여 2기 사무국 내각을 재구성하였다. 반 총장은 만장일치로 연임에 성공하였지만 앞에 놓여 있는 과제는 여전히 복잡하고 시급한 것들이 많았다.

중앙아프리카공화국의 내전을 멈추게 하다

아프리카 한가운데 자리한 인구는 479만 명의 중앙아프리카공화국은 1인당 국민소득이 500달러가 채 되지 않는 가난한 나라로, 1960년 프랑스 식민지에서 독립해 국제사회의 일원이 되었다. 독립 즉시 유엔에 가입했으며 대한민국과는 1963년 수교를 맺었다.

다이아몬드가 생산되는 중앙아프리카공화국은 아프리카 대부분의 나라가 그러하듯 부족 갈등, 장기독재, 쿠데타 등으로 혼란스러운 나라였다. 중앙아프리카공화국의 2대 대통령으로 아프리카에서 손꼽히는 독재자인 장 베델 보카사(Jean-Bédel Bokassa)는 악명이 높다. 1979년 보카사가 추방된 뒤에도 정치 혼란은 계속되었고 급기야 2012년 내전이 발발했다. 그렇지 않아도 가난한 국민들은 폭정과 내전으로 인해 삶의 터전이 파괴되는 아픔을 겪어야 했다.

내전의 뿌리는 2003년으로 거슬러 올라간다. 쿠데타로 정권을 잡은 프랑수아 B. 양구본디^{François Bozizé Yangouvonda}가 대통령이 된 후 곳곳에서 분쟁이 일어나 수백 명의 사상자가 발생했다. 2007년 평화협정으로 잠시 안정되었으나 정부가 협정을 지키지 않자 2013년 봄에 반군연합 셀레카^{Séléka}가 반기를 들어 수도를 점령했다. 셀레카는 대다수가 무슬림이었다. 셀레카가 기독교인들을 탄압하고 학살하자 이번에는 기독교인들이 민병대를 조직해 맞섰다. 이후 셀레카의 지도자 미셸 조토디아^{Michel Djotodia}가 대통령이 되었지만 이번에는 다른 반군 지도자들이 반대해 곳곳에서 민병대와 무장충돌이 벌어졌고 이틀 동안 280명 넘게 사망했다.

셀레카가 수도를 점령하기 전 해인 2012년에 정부군은 프랑스에 지원을 요청했으나 거부당했다. 그러나 학살이 심각해지자 프랑스는 유엔에 파병을 요구했다. 반 총장은 안전보장이사회를 소집해 긴급 상황을 설명하고 각국의 협조를 요청했다. 안보리 15개 이사국에 보낸 보고서에서 유혈사태가 계속되고 있는 중앙아프리카공화국에 약 1만2000명(군 병력 1만, 치안경찰 1820명)의 평화유지군을 보내야 한다고 밝혔다. 또한 평화유지 활동은 시민의 안전과 생명을 보호하는 데 초점을 맞춰야 한다고 말한 뒤 조속히 유엔 평화유지군이 증원돼야 한다고 강조했다.

반 총장의 제안에 따라 유엔은 긴급구호 가운데 최고 수준인 '응급경보 3단계'를 발령했다. 하지만 평화유지군이 도착하자 유엔군과 반군의 전투, 민병대와 반군의 전투가 벌어지는 기현상이 일어났다. 그러나 평화유지군의 활약으로 조금씩 안정을 되찾아 갔다. 2014년 들어 상황이 불리해지자 조토디아 대통령은 사퇴했고, 여성 변호사 카트린 삼바판자$^{Catherine\ Samba-Panza}$가 임시 대통령을 맡았다. 16개월의 내전 끝에 반군과 민병대는 콩고공화국에서 평화협상을 열고 휴전에 합의했다. 2년 동안의 내전으로 수만 명이 사망하고 전 국민 470만 명 가운데 100만 명 이상이 난민으로 전락했다. 반 총장의 신속한 결정이 없었다면 더 많은 사상자와 난민이 발생했을 것이다.

내전이 가라앉는 즈음인 2014년 4월에 벨기에서 유럽연합-중앙아프리카공화국 정상회담이 열렸다. 이 자리에서 반 총장은 카트린 삼바판자 임시 대통령을 만나 중앙아프리카의 안정과 발전 방향에 대해 긴밀한 협의를 하고, 유엔이 최대한 지원할 것을 약속했다.

    종교 갈등은 제3자가 개입하여 문제를 해결하기가 쉽지 않다. 종교는 경제나 정치와 달리 신념이기 때문이다. 그러나 종교가 선량한 사람들의 희생을 불러오고 삶의 터전을 파괴한다면 제3자가 개입하여 갈등을 풀기 위해 최선을 다해야 한다. 대립이 극한으로 치달을 때 대립의 당사자가 문제를 해결하기란 어렵기 때문이다. 반 총장은 평화와 화합의 최일선 주자로서 갈등을 해결하는 제3자 역할을 수행해 큰 희생을 막아낸 해결사 역할을 해냈다.

신속한 대응으로 에볼라를 차단하다

1976년 여름, 아프리카 수단에서 정체불명의 질병으로 사람들이 갑작스레 죽는 사건이 발생했다. 원인을 파악하기도 전에 사망자는 100여 명을 훌쩍 넘어섰다. 의학기술과 국제관계망이 미비하던 시절에 괴질은 한 마을을 초토화시키고 이웃 마을로 번져나갔다. 바이러스의 습격이었다.

정체불명의 바이러스에 의한 전염병은 빠르게 전파되면서 짧은 시간에 수많은 사상자를 발생시킨다. 갑작스러운 질병의 원인과 예방·치료에 대한 대책을 세우기 위해서는 과학적 규명과 함께 치료할 약품의 생산과 보급이 있어야 한다. 때에 따라서는 한 지역을 완전히 봉쇄하는 등 국경을 초월한 협조도 있어야 한다. 여기에서 중요한 것은 시간이다. 시간을 놓치면 사태는 걷잡을 수 없이 확산된다.

현대에 들어 정체불명의 바이러스가 세계를 공포에 몰아넣은 첫 사례는 에볼라 바이러스이다. 1976년 수단과 자이르 등지에서 발생한 에볼라 바이러스는 280여 명의 사망자를 낸 채 일단 사그라들었다. 발병자 가운데 겨우 38명이 살아남아 88%에 육박하는 높은 치사율을 보였다. 영국의 미생물학자가 질병의 원인과 경과를 조사했는데 에볼라 강에서 발견해서 '에볼라 바이러스$^{Ebola\ virus}$'라 이름 붙였다. 에볼라 바이러스에 관한 사태는 영화 〈아웃브레이크^{Outbreak}〉로 제작되어 변이 바이러스의 공포를 세계인에게 알렸다.

그러나 안심하기는 일렀다. 이후 에볼라는 코트디부아르와 우간다에 나타났고, 1989년에는 미국 버지니아 주에서도 발견되어 사람들을 공포에 떨게 했다. 한동안 잠잠하던 에볼라는 2014년 서아프리카에 다시 등장했다. 일명 '자이르 에볼라'가 라이베리아, 기니, 시에라리온을 중심으로 창궐하여 이전까지와 달리 광범위한 지역에서 빠르게 퍼져나갔다. 삽시간에 1만 명이 넘는 환자들이 발생하여 사람들을 긴장시켰다. 더 큰 문제는 이 지역이 의학기술이 발전하지 않은 곳이며, 사람들의 거주

환경이 위생적이지 못하다는 점이었다. 공기를 통해 전파되기 때문에 전염 속도도 빨랐다.

세계적인 전염병으로 확산될 수 있는 질병이 발견되면 이를 차단하기 위해 세계보건기구^{WHO}가 대응조치를 취하지만 그럴 경우 늦을 수 있었다. 중요한 것은 시간이었다. 에볼라 재발생 보고를 받은 반 총장은 즉각 조치를 취했다. 안전보장이사회를 소집해 에볼라 비상대응단$^{UN\ Mission\ for\ Ebola\ Emergency\ Response}$을 창설했는데, 유엔 평화유지군과 같은 일종의 보건유지군이었다. 이는 전례가 없었던 신속한 조치로 전담기관인 세계보건기구의 개입 이전에 에볼라 전파를 차단하는 성과를 올렸다.

저 멀리 아프리카에서 발생했기에 유럽이나 미주, 아시아에서는 '설마 여기까지?'라고 생각하며 대처에 신경 쓰지 않을 수도 있었다. 그러나 바이러스는 1시간도 걸리지 않아 지구촌 어느 곳에 당도할 수 있기에 반 총장은 즉각 조치를 취했다. 의료시설과 사회 인프라가 약한 아프리카였기에 더 신속한 대응체계를 세웠다.

세계보건기구가 의학적인 부분을 전담한다면 비상대응단은 구호물자와 식수, 식량 공급 등의 물류를 비롯해 생존자 보호, 사망자의 시체 처리, 사후 복구 등을 맡아 에볼라를 진정시키는데 성공했다. 감염의 위험이 있음에도 몸소 현장을 살펴보고 환자 보호와 비상대응단의 활동을 점검하기 위해 반 총장은 직접 서아프리카로 갔다. 에볼라가 재유행했을 때 서아프리카 5개 나라를 순방한 국가원수급 인사는 반 총장이 유일했다. 그때 반 총장은 악수보다는 팔꿈치 부딪히기를 제안해 큰 호응을 얻었다. 2020년 코로나19가 지구촌에 퍼졌을 때 실행된 인사법을 일찌감치 실천한 것이다.

어떤 사태가 발생했을 때, 그것이 생명과 직결된 것이라면, 더구나 낙후된 지역의 가난한 사람들에게서 발생한 일이라면 관련 해법을 가진 기관이나 사람이 앞장서 도와주어야 한다. 그러나 낙후되고 가난한 사람들은 이러한 도움도 받지 못하는 경우가 많다. 반 총장은 가난했던 한국에서 태어나 그 자신이 가난을 겪었기에 이러한 가난의 설움을 잘 알고 있었기에 보고받은 즉시 조치를 취했고, 감염 위험을 무릅쓰고 오지를 찾아가 바이러스 차단에 심혈을 기울였다. 2014년 에볼라 바이러스가 지구촌을 강타하지 않은 것은 반 총장의 이러한 노력이 큰 작용을 했다. 그것은 다름 아닌 사람에 대한 연민과 정성이다.

한국인으로서
첫 서울평화상 수상

2012년 10월 29일 11번째를 맞는 서울평화상 시상식이 서울에서 열렸다. 반기문 총장이 한국인으로서는 처음으로 수상의 영광을 안았다. 반 총장은 국제평화와 인권 신장, 지속가능한 발전에 기여한 점이 높이 평가되었다.

서울평화상은 1988년 열린 제24회 서울올림픽대회의 성공적 개최를 기념하기 위하여 1990년에 제정된 국제평화상이다. 올림픽 역사 최초로 동서 간의 모든 국가가 참가한 서울올림픽은 전 세계인에게 상호이해와 협조를 통해 세계평화를 달성할 수 있다는 가능성을 인식시켜 주었다. 서울평화상은 이러한 의미를 담아 인류복지와 지구촌의 영원한 평화를 위해 제정되었다. 그동안 후안 안토니오 사마란치 IOC 위원장, 국경없는의사회, 코피 아난 유엔 사무총장, 국제구호재단 옥스팜^{Oxfam}, 바츨라프 하벨 전 체코 대통령 등이 수상한 세계적인 상이다.

11회 수상자인 반 총장은 2007년부터 2012년까지 유엔 사무총장으로 재임하면서 국제정치, 경제, 사회, 환경 등 여러 분야에서 국제평화, 지속가능한 발전, 인권 신장을 위해 노력한 점이 국제사회에서 인정받았다. 또 2011년 자스민 혁명으로 시작된 중동 민주화 운동 시기에 중동 각국의 지도자들이 국민의 목소리를 들을 것을 강력히 요구하면서 국제 여론 형성에 결정적인 역할을 했다.

특히 반 총장은 대량 학살 등 인도적 범죄를 예방하기 위해 유엔의 보호책임$^{Responsibility\ to\ Protect}$을 적용하여 중동 지역 시민들의 목숨을 구하고 인권을 보호한 점이 높게 평가되었다. 나아가 이집트·리비아의 민주화, 코트디부아르와 예멘의 내전 종식, 남수단의 독립에 결정적으로 기여했다. 이 과정에서 반 총장은 냉철한 머리로 생각하고, 뜨거운 심장으로 실천하며 현장을 누비는 솔선수범을 통해 복잡하게 얽혀 있는 국가 간, 지역 간 문제를 적극적으로 조정하고 중재하여, 평화적인 방법으로 인류화합을 이끌어내는 데 기여했다.

또한 개도국의 빈곤 타파 및 경제사회 개발을 위해 국제사회에 촉구하여 600억 달러의 기금을 확보하는 등 유엔의 역할을 주도해 나갔다. 특히 여성과 아동의 보건 증진을 위한 범세계적 전략을 주창하고 여전히 빈곤에 허덕이는 아프리카에 대한 지원을 강화하도록 공헌했다. 소통의 리더십을 통해 이와 같은 일들을 해내 세계평화에 크게 기여한 점이 서울평화상 선정 이유였다.

시상식에 참석한 반 총장은 감사의 말을 통해 '서로를 아끼는 따뜻한 마음이야말로 우리 모두를 밝은 미래로 이끌어 주는 길잡이가 될 것'이라고 강조했다.

세계가 변화하고 있습니다. 인류가 새로운 변혁의 시대를 이끌어내기 위해 노력하고 있는 이때에 대한민국의 역할은 중요합니다. 역동적인 민주주의와 법치주의를 실천하고 있는 대한민국은 정치적 변혁을 겪고 있는 국가들에게 교량 역할을 할 수 있습니다. 견고한 경제가 뒷받침하는 대한민국은 개발도상국에 대한 대외원조를 통해 지속가능한 개발에 더 큰 기여를 할 수 있습니다. 또한 최근 유엔안전보장이사회 이사국으로 선출된 대한민국은 국제평화를 위해 공헌할 수 있게 되었습니다.

…변혁의 시대는 커다란 기회의 시대이기도 합니다. 우리가 이 시대에 내리는 결정은 후세에 큰 영향을 미칠 것입니다. 저는 이러한 대변혁기가 우리 모두에게 새로운 미래를 열어줄 것으로 확신합니다. 우리는 하루하루 보다 긴밀하게 상호 영향을 미치며 살게 될 것입니다. 저는 이러한 대변혁 속에서 희망을 봅니다. 유엔헌장에 담겨진 정의, 평등, 인간의 존엄성 등의 가치들을 실현해가는 과정에서 우리는 서로에게 힘을 주어야 합니다. 우리가 이러한 길을 개척해 나가는 과정에서, 평화를 위한 열정, 서로를 아끼는 따뜻한 마음이야말로 우리 모두를 밝은 미래로 이끌어주는 길잡이가 될 것입니다.

시리아의 화학무기를 금지하다

시리아는 레바논, 요르단, 터키, 이라크에 둘러싸인 이슬람 국가이다. 정식 명칭은 시리아아랍공화국$^{Syrian\ Arab\ Republic}$으로, 1946년 프랑스로부터 독립한 이래 큰 분란 없이 국가를 유지해왔으나 2011년부터 내전에 휩싸였다.

2011년 3월 바샤르 알아사드$^{Bashar\ al-Assad}$ 대통령의 퇴출을 요구하는 반정부 시위가 벌어졌고, 이 시위는 곧 수니파-시아파의 종파 갈등, 주변 아랍국 및 서방 등 국제사회의 개입, 미국과 러시아의 국제 대리전 등으로 비화되며 내전으로 번졌다. 이후 이란과 레바논이 정부군을 지원하고, 이란과 적대 관계인 사우디아라비아와 카타르 등 인근 국가들이 반군에 무기와 물자를

지원하면서 사태가 확대되었다. 여기에 '무장이슬람단체 IS^{Islamic} ^{State}'가 시리아 북부를 점령하면서 정부군·반정부군·IS 3자가 대결하는 국제전이 되었다.

2012년 6월 에르베 라수드 유엔 사무차장은 시리아가 사실상 전면적인 내전 상태라고 공식 인정했다. 7월에는 국제적십자위원회^{ICRC}가 민간인 학살을 비판했으며, 유엔을 통해 평화적 해결을 추진해오던 반 총장은 2013년 7월 시리아 내전을 종결할 것을 요구했다.

"정부군과 반군 모두 군사적이고 폭력적 행위를 중단하고 평화적 해결책으로 이 상황을 끝내야 합니다."

반 총장은 존 케리 미국 국무장관과 만남에 앞서 기자들과 만나 '시리아 사태로 10만 명 이상이 사망했습니다. 또한 수백만 명이 살던 곳에서 쫓겨나거나 난민이 돼 이웃 국가로 탈출했습니다'고 밝혔다. 유엔은 시리아 내전에 따른 전체 사망자가 9만 명이 넘는다고 보고했으며, 반 총장의 지시에 따라 화학무기 사용 여부를 조사하기 위해 유엔 조사단을 파견했다. 케리 국무장관은 '우리 모두 평화협상을 열기 위해 더 열심히 노력해야 한다. 당사자들을 협상 테이블로 이끌 수 있는 지도력이 필요하다'고 강조했다. 미국과 러시아가 5월 제네바에서 시리아 사태 해결을 위한 회의를 개최한 데 이어 반 총장은 9월 제네바에서 평화협상 개최를 요구했다. 그러나 반군 내의 분열과 아사드 대통령의 방해 등으로 개최가 어려워졌다. 9월 들어 반 총장은 시리아에 '유엔의 화학무기 감독지대'를 만들자고 제안했다.

"만약 유엔 조사단의 조사 결과 시리아에서 화학무기가 사용된 것이 확인된다면 시리아에 유엔 화학무기 감독지대를 설치하자는 제안을 유엔 안보리에 제출하겠습니다."

러시아도 반 총장 제안과 유사한 '시리아 화학무기 포기' 구상을 밝혔으며 미국, 독일, 프랑스 정부가 긍정적 반응을 보였다. 반 총장은, 감독지대 설치는 유엔 안전보장이사회 회원국 간의 대립을 극복할 수 있는 방안이라고 설명했다. 이 제안은 러시아 외무장관이 모스크바를 방문한 시리아 외무장관과의 회담에서 '시리아가 보유한 화학무기를 국제적 통제에 맡겨 이를 파기하도록 하자'고 제안한 직후 나왔다. 러시아 장관은 또 시리아에 화학무기금지협약[CWC]에 가입하라고 요구했으며, 반 총장은 러시아 제안에 적극 찬성한다고 말했다. 미국 정부도 이 제안을 긍정적으로 평가했으며 프랑스와 독일도 같은 의견을 보였다.

2015년 4월 아사드 대통령은 결국 화학무기를 포기하겠다고 밝혔다. 러시아 국영방송 〈러시아24〉 인터뷰에서 '시리아는 화학무기를 국제사회 통제 아래에 두겠다'고 말했다. 시리아 화학무기를 조사했던 유엔 조사단은 반 총장에게 제출한 보고서를 통해 화학무기 사용 세력이 아사드 정권이라고 결론을 내렸다. 보고서는 아사드 정권이 독가스로 국민을 살해했다고 직접 지목하지는 않았지만 로켓 부품, 토양 및 혈액 샘플 등의 결과를 근거로 시리아 정부에 책임이 있음을 밝혔다.

키프로스의 화합을 위하여

서아시아 지중해 동부에 있는 섬나라 키프로스$^{Republic\ of\ Cyprus}$는 남한의 1/10 정도되는 작은 나라로 인구는 약 120만 명이다. 영어로는 사이프러스^{Cyprus}라 부르는데, 지리적으로 아시아와 가깝지만 민족적, 역사적, 문화적으로 그리스와 가까워 남유럽으로 분류된다. 공식적으로 키프로스공화국이 섬 전역을 영토로 주장하고 있으나, 북부는 북키프로스터키공화국^{TRNC}이 통치하고 있는 분단국가여서 대립과 갈등이 끊이지 않는다.

이 대립은 오스만 투르크와 대영제국이 지배했던 때까지 거슬러 올라간다. 수백 년에 걸친 식민지 시절을 거쳐 1960년 독립을 이루었으나 그리스정교를 믿는 그리스계와 이슬람교도인

터키계의 갈등이 표면화되었다. 1963~1964년 그리스계와 터키계 간에 무력충돌이 일어났으나 유엔군이 파견되어 전쟁은 가까스로 멈추었다. 그후 갈등 끝에 북쪽은 1983년 북키프로스터키공화국으로 독립했고 남쪽은 키프로스공화국이 세워져 섬은 두 나라로 나눠졌다.

그동안 유엔 사무총장의 중재로 남북 간의 분쟁 해결을 위한 협상이 여러 차례 진행되었지만 결실을 이루지 못했다. 국제사회는 북키프로스터키공화국을 국가로 인정하지 않고 있지만 그 존재를 무시할 수는 없었다.

반 총장은 2010년 키프로스를 처음 방문해 남북 화해와 통일을 위한 협상을 시도했으나 두 나라 모두 강경한 입장이어서 커다란 성과를 거두지는 못했다. 2012년에도 국제사회의 주선으로 협상 테이블이 마련되었으나 남키프로스가 유럽연합(EU) 순회의장국을 맡는 것에 북키프로스가 반발하면서 중단됐다. 2년 후인 2014년 2월에 반 총장의 지원으로 통일협상이 재개되었다. 남키프로스의 니코스 아나스타시아데스 대통령과 북키프로스의 데르비스 에롤루 대통령은 정상회담을 열고 공동선언을 발표했다. 이날 정상회담은 세계 유일의 분단된 수도인 니코시아에 유엔이 설정한 완충지대에서 열렸다.

협상이 열리기 전 4개월 동안 유엔과 미국은 적극적으로 중재에 나서 양측이 공동선언 초안에 합의했다. 가장 중요한 것은 '통일된 키프로스는 유엔과 유럽연합에 단일 회원국이 된다'는 내용이었다. 그러나 그것을 위해서는 두 나라 모두 국민투표를 거쳐야 하기 때문에 낙관하기는 어려웠지만 두 정상이 만나 공동선언을 발표한 것은 수십 년 만의 긍정적인 성과였다. 또 '단일 회원국'이라는 단어에 합의한 것은 역사적으로도 의미가 있었다.

단 한 번의 정상회담으로 통일이 이루어지는 것은 아니지만 키프로스는 오랜 세월 분쟁을 겪어오다가 반 총장의 열정적인 노력으로 평화가 정착되었으며 통일의 길을 찾아가고 있다.

세계와 미래를 위한 위대한 발걸음, 파리기후협정

2016년 12월 미국의 외교전문지 〈포린 폴리시〉는 세계 주요 사상가 100인을 선정했는데, 정책결정자 부문에 반기문 총장이 이름을 올렸다. 단지 유엔 사무총장이어서가 아니라 역사적인 파리기후협정을 이끌어내고 국제법으로 발효시킨 공로를 인정했기 때문이다. 이는 반 총장의 국제적 리더십과 환경보호에 대한 책임감을 높이 평가했다는 뜻이었다.

유엔 산하 IPCC^(Intergovernmental Panel on Climate Change, 기후변동에 관한 정부간 패널)는 1990년대 초에 보고서 하나를 발간했다. 현 상황에서 지구의 기온이 1.6도 상승하면 생물의 18%가 멸종 위기에 처하고, 2.2도 올라가면 24%, 2.9도 높아지면 35%의 생물종이 멸종

위기 상태에 놓인다는 충격적인 연구결과였다. 지구의 기온 상승과 그에 따른 피해는 1980년대부터 세계 모든 사람들의 관심사였다. 그러나 기온 상승을 억제하기 위한 명쾌한 대책을 세우기는 힘들었다.

기후변화는 핵전쟁이나 무분별한 테러, 거대운석 충돌보다도 현실성 높은 인류 멸망 시나리오의 하나이다. 2003년 유럽에 이상고온이 몰아닥쳐 7만여 명이 목숨을 잃었고, 2015년 인도에서는 2500여 명이 일시에 일사병과 탈수증으로 숨졌다. 그 외에도 기후변화는 곳곳에서 인류의 삶을 위협하고 있다.

과학자들과 환경 전문가들의 경고가 이어지자 선진국들은 지구온난화의 심각성을 파악하고 우선 단계로 온실가스를 줄이기로 하고, 1997년 12월 일본 교토에서 전 지구적 기후변화 협약인 〈교토의정서$^{Kyoto\ Protocol}$〉를 맺었다. 온실가스의 감축 목표와 일정, 개발도상국의 참여 문제로 선진국 간, 선진국·개발도상국 간의 의견 차이로 심한 대립을 겪었으나 2005년 2월 16일 〈교토의정서〉는 공식 발효되었다. 의무이행 대상국은 미국, 일본, 호주, 유럽연합^{EU} 회원국 등 37개국이었으며, 감축 대상 가스는 이산화탄소^{CO_2}, 메탄^{CH_4} 등 6가지였다. 대한민국은 2008년부터 자발적인 의무부담 국가로 선정되었다.

교토협약은 지구를 살리기 위한 인류 역사상 첫 기후협약이었으나 실효는 그다지 크지 않았다. 특히 가장 많은 온실가스를 배출하는 미국이 2001년 탈퇴하고 말았다. 반 총장이 유엔 사무총장으로 취임했을 무렵 기후문제는 뒷전으로 밀려나 있었다. 반 총장은 사무총장 후보였던 2006년 10월부터 기후협약에 동참하도록 조지 W. 부시 미 대통령을 설득하는 데 총력을 기울였다. 총장 취임 직후인 2007년 3월, 국제학교 학생들이 유엔을 방문해 기후변화토론컨퍼런스를 열었다. 그때 학생들에게 반 총장은 미래 세대를 위한 약속을 했다. 미래 세대를 위해 인류가 '돌아오지 못할 지점'을 넘기지 않도록 하겠다는 선언이었다.

우리 세대가 자라날 때는 핵전쟁으로 인한 '핵겨울'이 도래하는 것이 가장 큰 위협이고 걱정이었습니다. 지금은 기후변화가 전쟁보다 더 심각한 위협입니다. 유감스럽지만 우리 세대는 하나뿐인 지구를 보살피는 데 소홀했습니다. 지구온난화를 막기 위한 확실한 방안을 세워, 미래 세대에게 그 책임이 전가되지 않도록 하겠습니다.

Nations Unies
Conférence sur les Changements Climatiques 2015
COP21/CMP11
Paris, France

반 총장은 유엔을 이끌면서 기후변화와 싸움에 전력을 기울였고, 마침내 국제공조의 전기를 마련했다. 2009년 덴마크 코펜하겐에서 기후협약총회가 열린 것이다. 반 총장은 북극의 빙하가 녹아 무너지고 있는 현장을 직접 살핀 뒤 '우리는 가속페달을 밟으며 나락을 향해가고 있다'면서 '금세기 말까지 해수면은 0.5m에서 2m까지 상승할 것'이라고 경고했다. 그러나 미-중 갈등, 선진국과 개도국의 갈등, 어떻게든 합의를 이끌어내려는 덴마크의 무리한 행보가 겹쳐 총회는 아무런 소득 없이 끝나고 말았다. 2012년 카타르 도하에서 유엔기후변화협약 당사국총회를 재차 열었다. 온실가스를 25~40% 감축하기로 합의했지만 역시 미국·러시아·일본·캐나다 등 배출량의 절반 이상을 차지하는 주요 국가들이 불참하여 큰 의미를 거두지는 못했다. 이대로 가다가는 인간이 초래한 무분별한 기후변화로 인해 모든 생물종이 위험에 처할 수 있다는 위기감이 감돌았다.

반 총장은 유엔 사무총장에 취임하기 전부터 외교통상부 장관으로서 또 지구인의 한 사람으로서 기후변화에 큰 관심을 갖고 있었다. 그러나 기후변화 문제는 한두 명의 장관이나 대통령의 결단으로 해결할 수 있는 사안이 아니었다. 교토의정서를 맺을 당시에 참여한 37개 나라의 협약으로도 불가능했다. 우선 미국, 일본 등의 선진국이 적극적으로 참여해야 했으며 가능한 한 개발도상국 모두가 참여해야 했다. 전 세계가 공감하는 기후변화협약을 만들어내지 않으면 안 되었다. 반 총장은 이 문제를 수면 위로 끌어올려 주요 국가들의 참여를 유도하기 위해 공을 들였다.

제21차 유엔기후변화협약 당사국 총회는 2015년 12월에 파리에서 개최될 예정이었다. 총회가 열리기 전인 2014년 9월 반 총장은 뉴욕에서 열린 대규모 기후변화행진People's Climate March에 참가했다. 기후변화에 대한 대책을 촉구하는 시민운동에 동참하기 위해서였는데, 유엔 사무총장으로서는 이례적인 행보였다. 이어 2015년 파리에서 열리는 총회의 성공을 위해 세계 지도자들을 유엔기후정상회의UN Climate Summit에 불러모아, 지구와 인류를 구하기 위한 행동에 적극 참여해 줄 것을 간곡히 요청했다.

"전쟁과 기아, 질병으로부터 한 생명이라도 구하는 것이 유엔의 소명이며, 이것을 위해서는 지구 환경이 온전해야 합니다. 지구는 하나이기 때문에 플랜B가 없습니다."

반 총장은 195개국이 지구온난화 협약에 참여하도록 설득했다. 그리고 그 협약을 국제법으로 만들기 위해 세계 온실가스 배출의 55% 이상 책임 있는 55개 나라를 설득했다. 단순히 협약국 숫자만 늘린 것이 아니라 가장 많은 온실가스를 배출하는 미국과 중국이 앞장서서 감축을 이끌게끔 세심한 배려를 했다. 그리고 오바마 대통령을 계속 설득하여 미국이 2025년까지 2005년 대비 26~28%의 온실가스를 감축하도록 이끌어냈다.

지구의 전환점을 만들다

세계 대부분의 나라가 파리 기후협약 총회에 참석하기로 하여 긍정적인 결과가 예측되었으나 뜻밖의 사고가 터졌다. 2015년 11월 13일 밤부터 14일 새벽까지 파리의 공연장과 축구경기장 6곳에서 예기치 못한 테러가 발생했다. 갑작스런 총기 난사와 자살폭탄 공격 등 동시다발 테러가 자행돼 130여 명이 사망하는 대참사가 벌어졌다. 일찍이 프랑스가 경험하지 못한 비극이었다. 다음날 이슬람 수니파 극단주의 단체 IS는 성명을 내고 이번 공격이 자신들의 소행이라고 주장했다. 유럽의 한복판에서 일어난 테러는 세계를 경악시켰으며 특히 프랑스는 공포에 휩싸였다. 테러범 대다수가 제거되었으나 1명은 해외로 빠져나갔다. 기후협약 총회가 열리기 2주 전이었다.

반 총장은 유엔 안전보장이사회를 소집해 11월 20일 '국제사회가 모든 수단을 동원해 IS의 위협에 맞서 싸워야 한다'는 IS 격퇴 결의안을 만장일치로 통과시켰다. 이후 프랑스 정부는 테러에 대비한 철저한 준비를 했지만 추가 테러가 일어날 수 있으므로 총회를 연기하자는 주장도 나왔다. 150여 나라의 국가 대표들과 수행원, 관련 전문가들은 불안했다. 그러나 프랑스 정부는 '테러에 굴복할 수 없다'며 물러서지 않았다. 반 총장 역시 총회를 연기하면 테러단체에 전 세계가 항복한다는 의미가 될 수 있다고 생각했다. 또한 오랫동안 준비해온 총회가 무산되면 기후협정은 물거품이 될 수 있으며, 그렇게 되면 인류에 끼치는 피해가 아주 컸기 때문에 총회를 예정대로 강행했다.

슬픔과 긴장 속에 각국의 정상들과 관계자들이 속속 파리로 모였다. 삼엄한 경계가 펼쳐져 테러에 대한 공포는 조금씩 사그라들었다. 대표들은 이번 협정에서 의미 있는 결과를 도출해내기를 원했다. 교토의정서 체제가 끝난 뒤에 개도국과 선진국이 대립하는 가운데서도 국제사회는 일단 두 가지를 시행하는 것에 동의했다. 첫째는 2100년까지 지구 온도 상승을 2도 이내로 막아야 한다는 것이고, 둘째는 이번 총회에서 어떤 식으로든 결정을 내려야 한다는 것이었다.

드디어 2015년 11월 30일 제21차 유엔 기후변화협약 당사국총회^{COP21}가 열렸다. 온실가스 배출을 통제하지 않으면 미래 인류 전체의 삶이 파괴될 것이라는 글로벌적인 공감대가 형성되어 있었기에 190여 개에 달하는 국가들이 참여했다. 총회에서 2100년까지 지구 온도가 2015년 기준 +1.15도를 초과하지 않을 것을 목표로 정했다. 18세기 말 산업혁명 이후 0.85도 상승한 상황이었기에, 온실가스 감축 사항을 더 폭넓게 다루었다. 교토의정서 체제에서는 선진국만 온실가스 감축 의무가 있었으나, 파리협약에서는 모든 나라가 감축 의무를 지도록 했다. 처음에는 대부분 회의적이었으나 예상외로 미국과 중국이 온실가스 감축에 합의하고 기후변화에 대한 세계적 공감대가 늘어난 덕분에 협의는 순조롭게 진행되었다. 특히 오바마 대통령이 진지한 열의를 가지고 참여해 긍정적인 결과를 만들어냈다.

12월 12일, 예정을 하루 넘겨 역사적인 '파리기후변화협약_{Paris Climate Change Accord}'이 발표되었다. 협의 내내 불안과 긴장, 낙관과 비관이 교차했지만 결과는 대성공이었다. 소소한 부분에서 자주 의견 대립이 표출되었고 강대국과 약소국의 이해가 상반되었으나 15일의 마라톤 회의 끝에 협약이 완성되었다. 이는 역사에 길이 남을 위대한 업적 가운데 하나로 손꼽을 만했다.

〈파리기후변화협약〉은 2016년부터 당사국들의 가입을 받아 2020년부터 본격적인 이행에 들어가기로 합의했다. 파리협약이 기존의 총회와 달리 성공한 이유는 국제법이면서도 감축 기준에 대한 법적 구속력이 없다는 점에 있었다. 유엔에서 강제적으로 기준을 정해주는 것이 아니라 각국에서 스스로 기준을 정한 뒤 보고하는 방식이다. 각 나라마다 자국 상황에 맞게 기준을 정하고 그를 실천하도록 유도했다. 몇몇 나라가 처음에는 불만을 표했으나 곧 태도를 바꿔 조기 이행을 선언했다.

2016년, 유엔의 기후변화협약^{UNFCCC}은 "73개국이 파리기후변화 협정을 비준했다"고 발표했으며, 2016년 11월 4일부터 공식적으로 효력을 지니게 됐다. UNFCCC에 따르면 협정에 참여한 195개국 가운데 비준을 마친 곳은 73개국, 이들 국가가 지구 전체의 온실가스 배출량 중 감축을 책임지는 부분은 56.87%로 집계됐다. 이후 여러 나라들이 차례차례 국내 비준을 통과시켰으며, 그동안 가입을 미뤄오던 니카라과, 시리아가 2017년에 가입하면서 대부분의 나라에서 협약을 실시하고 있다. 한국은 2030년까지 배출전망$^{BAU, Business As Usual}$ 대비 37% 감축을 목표로 한다. 이는 선진국 수준의 감축에 해당하는 상당히 높은

수치이다. 그만큼 환경보전에 앞장서겠다는 대외적 선언이었다.

오바마 대통령은 협정 발효가 확정된 것에 대해 '지구의 전환점이 되는 날로 역사가 평가할 것'이라고 의미를 부여했다. 반 총장은 협정에 대한 국제사회의 강력한 지지를 '긴급행동의 필요성을 입증한다'고 평가했다. 나아가 '한때 생각하지도 못했던 일이 이제는 돌이킬 수 없는 것으로 굳어졌다'며 환영의 뜻을 표했다.

역사적인 파리기후협정 타결된 데에는 미국 오바마 대통령의 역할도 중요했다. 또한 이슬람의 테러 위협 속에서도 국제회의를 성공으로 이끈 프랑스 정부의 용기도 찬사를 받았다. 가장 핵심 역할을 한 사람은 기후변화총회를 추진하고 세계 지도자들의 결단을 촉진한 반 총장이었다. 오바마 대통령은 기후협정이 타결된 직후 성명을 내고 '취임 직후 기후변화를 추진해왔고 드디어 성과를 냈다. 이 성과는 세계 각국 정상들과 반 총장의 노력'이라며 크게 기뻐했다. 이어 '200여 나라가 참여한 협정인 만큼 완벽한 협정은 아니겠지만 중요한 것은 더 깨끗한 지구를 후세에 물려줄 수 있는 노력에 세계 여러 나라와 정상들이 뜻을 모았다는 점'이라고 덧붙였다.

반 총장은 2014년부터 맨해튼 시위에 직접 참석하는 등 기후변화 문제의 이슈화에 정성을 쏟아왔으며, 2015년 협정을 이끌어내어 '유엔 사무총장으로서의 조정 역할을 훌륭히 해냈다'는 평가를 받았다. 현장을 직접 살피기 위해 남극을 한 차례, 북극만 네 차례나 방문했다. 통가, 사모아, 피지 등 기후변화 위험에 노출된 도서국가들은 반 전 총장에게 '생명의 은인'이라며 감사의 뜻을 표했다. 반 총장은 협정 타결 직후 주요국 정상들과 손을 들어올리고 환호하면서 감사의 말을 잊지 않았다.

"여러분이 역사를 만들었습니다. 파리 테러 직후에 기후총회라는 중요한 행사를 개최해 준 프랑수아 올랑드 대통령과 프랑스 국민의 용기에 감사합니다."

전쟁을 막고 테러를 방지하는 일은 선량한 사람들을 보호하는 일로 급히 시행해야 할 일이다. 전염병의 차단, 식량 생산과 보급, 인권 증진도 중요한 일이다. 교육과 환경보호 역시 미래 후손들에게 커다란 영향을 끼친다. 환경 파괴는 강대국과 약소국, 부자와 빈자, 남녀노소 모두에게 영향을 미친다. 눈앞의 일이 아니라 하여 관심을 기울이지 않으면 자연의 역습으로 인류는 삶의 터전을 잃는다. 반 총장은 유엔 사무총장으로서 이 모든 일을 책임감 있게 해냈으며, 그 가운데 기후협약을 성사시킨 것은 미래의 인류를 위한 뜻 깊은 일이었다.

이스라엘과 팔레스타인에 평화를

팔레스타인-이스라엘 문제는 반 총장에게 고민거리 가운데 하나였지만 완전한 해결책은 어렵다는 것을 잘 알기에 최선의 방책을 찾기로 했다. 분쟁을 촉발시키는 요인을 미리 제거하고 그것이 어려울 경우 현장을 찾아 평화협상을 하도록 이끄는 것이었다. 사실 가자지역$^{Gaza Strip}$이나 서안(웨스트뱅크) 지역을 방문하는 것은 매우 위험한 일이었다. 언제 어느 곳에서 총탄이 날아올지 몰랐고, 자살폭탄 테러가 발생할지 예측할 수 없었지만, 반 총장은 팔레스타인 지역을 찾아가 평화가 정착될 수 있도록 온갖 노력을 다했다. 또 주변국들과 강대국들을 설득해 분쟁이 재현되지 않도록 힘을 기울였다.

반 총장이 취임했을 때 이스라엘군은 가자지구에서 철수해 팔레스타인은 잠정적이지만 안정을 되찾았다. 그러나 2008년 12월 이스라엘이 가자를 공습했고, 2009년 1월에도 지상군을 투입해 가자를 침공했는데 유엔 사무소까지 공격해 비난을 받았다. 2010년에도 하마스^{HAMAS}(이스라엘에 저항하는 무장단체) 지도자 암살, 구호선박 공격 등 무력충돌이 이어졌다. 2012년 들어서도 미사일 공격과 민간인 살상으로 다시 유혈사태가 이어졌다. 2014년에는 50일 전투가 벌어졌고 2015~16년에도 서로를 죽고 죽이는 참혹한 충돌이 계속되었다.

항상 충돌의 희생자는 평범한 민간인, 여성, 어린이들이었다. 반 총장은 충돌이 일어날 때마다 분쟁지를 찾아 평화적 해결 방법을 모색했다. 그런 노력이 없었다면 더 많은 사람들이 희생되었을 것이다.

이스라엘은 팔레스타인을 공격하면서 유대인 정착촌을 계속 늘려나갔는데 이는 평화협정을 위반하는 행위였다. 2016년 1월 반 총장은 안전보장이사회의 중동 관련 토론에서 이스라엘을 강하게 비판했다. 요르단강 서안에서 유대인 정착촌을 확대하는 것은 팔레스타인의 증오를 부추기고 국제사회를 모욕하는 행동이라고 지적하였다.

"점령을 하면 점령당한 민족은 그것에 저항하게 마련이며, 점령 행위는 증오와 극단주의의 강력한 인큐베이터가 됩니다."

미국이 항상 이스라엘을 지원하는 것에 비추어 반 총장의 이스라엘 비판은 국제사회의 주목을 받았다. 2016년 6월, 반 총장은 다시 한 번 팔레스타인을 찾았다. 2년 만의 방문이면서 4번째 방문이자 임기 중 마지막 방문이 될지도 몰랐다. 그런 만큼 자신의 모든 능력을 발휘해 지도자들을 설득했다. 무척이나 바쁜 하루였다. 오전에는 팔레스타인 가자지구를 찾아 분쟁지를 둘러보았으며, 오후에는 베냐민 네타냐후Benjamin Netanyahu 이스라엘 총리를 만났다. 뒤이어 마흐무드 아바스Mahmoud Abbas 팔레스타인 자치정부 수반을 만나 평화협정에 합의하도록 설득했다. 단 하루 동안 분쟁중인 두 나라 지도자를 모두 만난 사람은 반 총장이 유일했다.

두 수반을 만나기 전에 아침 일찍 가자지구에 있는 난민캠프 학교와 신설 병원을 방문했다. 이곳은 유엔 팔레스타인난민기구UNRWA가 운영하는 곳이었다.

"이곳에 다시 오게 돼 감회가 새롭습니다. 파손된 건물 다수가 복구됐지만 여전히 바뀌지 않은 점도 있습니다. 이곳에 평화를 가져올 수 있도록 이스라엘과 팔레스타인 지도자들은 물론 관련된 국가들을 설득시키기 위해 모든 노력을 다하겠습니다."

오후에는 이스라엘 총리실에서 네타냐후 총리와 오찬을 함께했으며, 반 총장은 그 자리에서 중요한 언급을 했다.

"팔레스타인인들과 유대인 양측 모두 이 땅에 역사적·종교적으로 연결점이 있습니다. 이러한 인식 없이는 갈등을 해결할 수 없습니다."

양쪽 모두 팔레스타인 땅에 역사적·종교적 연원이 있으므로 서로가 서로를 이해하고, 인정하고, 양보할 것을 주문한 것이다. 이어 팔레스타인 행정수도 라말라로 이동해 아바스 수반과 공동 기자회견을 열었다. 기자회견에서 반 총장은 가자와 서안지구로 분열되어 있는 팔레스타인이 하나로 통합할 것을 요청했다.

"민주적이고 적법한 하나의 팔레스타인자치정부가 가자지구와 서안을 재통합해야 합니다. 이 자치정부는 팔레스타인해방기구^{PLO}의 원칙에 기반을 두어야 합니다."

회견에 앞서 반 총장은 아바스 수반과 비공개 만찬 회동을 했으며 그 자리에는 이스라엘군이 오인 사살한 15세 팔레스타인 소년의 유가족이 함께했다. 아바스 수반은 만찬이 끝난 뒤 반 총장의 지난 10년 업적을 높이 평가해 팔레스타인 '리본훈장'을 수여했다. 그동안 반 총장은 이-팔 분쟁 해결책으로 평화협상에 기반한 2국가 해법$^{two\text{-}state\ solution}$을 꾸준히 제시해 왔다.

'2국가 해법'은 이스라엘과 팔레스타인 분쟁을 해결하기 위한 방안 가운데 하나이다. 1967년 제3차 중동전쟁 이전의 국경선을 기준으로 각각 이스라엘과 팔레스타인 국가를 건설하여 더 이상 분쟁을 일으키지 않도록 하자는 것이다. 그러나 이스라엘이 유대인 정착촌을 확대하면서 '2국가 해법'은 진전을 이루지 못하고, 2016년 12월 유엔 안보리는 이스라엘에 정착촌 건설을 중단하라고 요구하는 결의를 채택했다. 반 총장의 두 나라 방문 이후 가자지구에서 총성은 멈추었다.

팔레스타인은 국가로서 인정받기 위해 여러 노력을 기울였고 반 총장의 지지까지 더해져 2011년 10월 유네스코^{UNESCO}는 유엔 산하기관 최초로 팔레스타인을 정회원 국가로 인정했다. 이스라엘과 미국은 반대했다. 그러나 반 총장의 지원으로 2012년 11월 유엔 총회에서 팔레스타인은 옵서버 국가 지위를 획득하는 성과를 올렸다.

2030 지속가능개발목표^{SDGs}

모든 나라는 경제발전을 통해 더 잘사는 나라가 되기를 원한다. 그러나 경제발전은 필연적으로 자연 파괴와 환경오염을 불러오며 밀림 훼손, 대양 오염, 온난화로 인한 빙하 녹아내림 등을 야기시켜 지구촌 전체의 생태계를 위협한다.

그렇지만 사람들이 살아가기 위해서는 공장이 가동되어야 하고, 운송수단인 차도 움직여야 한다. 인류는 환경보전과 경제성장이라는 양립하기 힘든 두 축 사이에서 현명한 방법을 찾아내야 한다. 그렇지 않으면 공동의 멸망을 초래할 수도 있다. 정치 지도자와 과학자, 경제인, 환경 전문가들은 이 문제를 놓고 첨예하게 대립해 왔는데, 그 과정에서 표출해낸 것이 '지속가능한 개발sustainable development(SD)'이다. '지속가능한 개발'이라는 말이 처음 등장한 것은 1987년에 발표된 유엔 보고서 〈우리 공동의 미래〉(브룬트란트 보고서)였으며, 미래세대가 그들의 필요를 충족시킬 수 있는 가능성을 손상시키지 않는 범위에서 현재 세대의 필요를 충족시키는 개발을 뜻한다.

이후 1992년 브라질 리우데자네이루에서 열린 유엔환경개발회의UNCED에서 21세기 지구환경 보전을 위한 기본 원칙으로 채택되었다. 지속 가능한 개발을 위한 전략으로는 성장의 회복과 질적변화, 노동, 식량, 에너지 등의 충실, 인구의 지속가능한 수준의 유지, 자원의 기반과 기술의 진전 등이 있다.

1999년 들어 유엔은 밀레니엄에 대처하고 세계경제의 발전과 환경보호, 인류의 공동 번영을 위해 새로운 어젠다가 필요하다는 것을 인식했다. 2000년 9월 유엔총회에서 회원국들의 참여와 함께 밀레니엄개발목표Millennium Development Goals(MDG)를 선포했다. 세계의 빈곤 문제를 포함해 인류에게 닥친 문제들을 개선한다는 8대 목표를 세우고, 2015년까지 실행하기로 했다. 8대 목표는 다음과 같다. ①극한적인 가난과 기아 퇴치 ②초등교육의 확대와 보장 ③양성평등과 여성 권익 신장 ④유아 사망률 감소 ⑤임산부 건강 개선 ⑥에이즈, 말라리아, 기타 질병 퇴치

⑦지속 가능한 환경 보호 ⑧개발을 위한 전 세계적 협력 구축이다. 이것은 인류 역사상 처음으로 세계 대부분의 나라가 동의한 미래를 위한 개발 목표였다.

2001년 유네스코 세계문화다양성선언$^{\text{The Universal Declaration on Cultural Diversity}}$에서는 개념을 더욱 확대했다. '자연에서 생물 다양성이 중요하듯이, 인간에게 문화 다양성이 필요하다'고 언급하였다. 문화 다양성은 경제 성장뿐만 아니라 지적, 감정적, 윤리적, 정신적 삶을 달성하기 위한 하나의 근원이 된다. '문화 다양성'이 지속가능한 발전의 네 번째 정책 영역이 된 것이다. 이를 바탕으로 유엔은 지속가능한 발전의 분과를 세분하여 농업, 대기, 생물다양성, 인구통계 등 50여 개의 발전 분과를 만들었다.

반 총장이 취임했을 때 MDG는 중간 기점을 지났으나 차츰 잊혀져가는 과제가 되었고 목표와 달리 효과도 미미했다. 2000년에 예측했던 세상과 2007년의 세상은 많이 다른 것도 원인 가운데 하나였다. 이에 반 총장은 새로운 시대를 맞아 새로운 개발목표를 정하는 것이 절실하다고 판단해 전문가들과 함께 시대에 맞는 지속가능개발목표를 설정하는 과제에 착수했다. 또 MDG는 2015년에 종료될 예정이어서 그 전에 개발 목표를 산출해야 했다.

우선 MDG에 대한 성과를 분석했다. 지난 15년 동안 10억 명이 넘는 인구를 극도의 참담함에서 구해냈지만 세계는 불평등으로 깊이 분열돼 있다고 유엔 최종보고서는 결론 내렸다. 반 총장은 빈곤, 교육, 양성 평등, 아동 사망률, 모성 건강, 질병, 환경, 그리고 세계적인 동반자 관계에 대한 8가지 목표는 이전에 볼 수 없었던 놀라운 성과를 올렸으나 아직도 너무 많은 사람들이 빈곤에 처해 있다고 말했다.

"MDG는 10억 명 이상의 사람들을 극도의 빈곤에서 벗어나게 하고, 기아에서 구했습니다. 그 어느 때보다 많은 소녀들이 학교에 다닐 수 있게 되었으며 지구를 보호할 수 있도록 도왔습니다. 그러나 모든 놀라운 결과에도 불구하고, 나는 불평등이 지속되고 있다는 것을 알고 있습니다."

그의 말처럼 하루 1.25달러 미만으로 생활하는 사람들은 줄었지만 배고픔에 시달리는 사람들의 비율을 절반으로 줄이는 목표는 빗나갔다. 1990년과 2015년 사이에 영양실조 비율은 23.3%에서 12.9%로 떨어졌다. 그럼에도 7억 9천만 명의 사람들이 영양실조에 시달리고 있으며, 그 가운데 대다수가 개발도상국에 거주한다. 식량과 에너지 가격 인상, 기상 악화, 자연재해, 정치 불안 등은 이러한 목표를 달성하는 데 방해가 되었으며 여성들의 삶의 질 또한 여전히 제자리걸음이었다.

"많은 여성이 임신이나 출산 관련 합병증으로 사망하고 있습니다. 진보는 여성과 가난하거나 장애가 있는 사람들을 우회하는 경향이 있습니다. 농촌과 도시 간의 격차도 여전합니다."

이러한 모순과 문제점들을 해결할 과제가 반 총장과 유엔에 주어졌고, 많은 시간과 노력을 투입해 2015년 9월, 지속가능개발목표Sustainable Development Goals(SDGs)가 완성되었다. 국제사회의 최대 공동목표가 되어야 할 지속가능개발목표는 2016년부터 2030년까지 15년 동안 실시하기로 했다. 곧바로 유엔은 '2030 지속가능개발의제2030 Agenda for Sustainable Development'를 채택해 경제성장과 일자리 증진, 지속가능한 산업화와 소비·생산, 기후변화 대응 등 거의 모든 분야를 망라하는 목표를 제시했다.

여기에는 인류의 보편적 문제(빈곤, 질병, 교육, 성평등, 난민, 분쟁 등)와 지구 환경문제(기후변화, 에너지, 환경오염, 물, 생물다양성 등), 경제 사회문제(기술, 주거, 노사, 고용, 생산 소비, 사회구

조, 법, 대내외 경제)가 포함되었다. 17가지 큰 목표 아래 169개의 세부 목표를 설정했다. 17가지 목표는 다음과 같다.

1. 모든 곳에서 모든 형태의 빈곤 종식
2. 기아 종식, 식량 안보 달성, 개선된 영양상태의 달성, 지속가능한 농업 강화
3. 모든 연령층의 모든 사람을 위한 건강한 삶 보장 및 복지증진
4. 포용적이고 공평한 양질의 교육 보장 및 모두를 위한 평생학습 기회 증진
5. 성평등 달성 및 모든 여성과 소녀의 권익 신장
6. 모두를 위한 위생적인 물의 이용가능성 및 지속가능한 관리 보장
7. 모두를 위한 저렴하고 신뢰성 있으며 지속가능하고 현대적인 에너지에 대한 접근 보장
8. 모두를 위한 지속적이고 포용적이며 지속가능한 경제성장 및 완전하고 생산적인 고용과 양질의 일자리 증진
9. 회복력 있는 사회기반시설 구축, 포용적이고 지속가능한 산업화 증진 및 혁신 촉진
10. 국가 내 및 국가 간 불평등 완화

11. 포용적이고 안전하며 회복력 있고 지속가능한 도시와 정주지 조성
12. 지속가능한 소비 및 생산 양식 보장
13. 기후변화와 그 영향을 방지하기 위한 긴급한 행동의 실시
14. 지속가능개발을 위한 대양, 바다 및 해양자원 보존 및 지속가능한 사용
15. 육상 생태계의 보호, 복원 및 지속가능한 이용 증진, 산림의 지속가능한 관리, 사막화 방지, 토지 황폐화 중지, 역전 및 생물다양성 손실 중지
16. 모든 수준에서 지속가능개발을 위한 평화롭고 포용적인 사회 증진, 모두에게 정의에 대한 접근 제공 및 효과적이고 책임 있으며 포용적인 제도 구축
17. 이행수단 강화 및 지속가능개발을 위한 글로벌 파트너십 활성화

SDGs의 특징은 네 가지이다. 첫째, 개도국과 선진국 모두에게 적용되는 보편적 의제이다. 둘째, 경제·사회·환경을 포괄하는 변혁적 의제이다. 이는 기존의 선진국과 개도국이라는 이분법적 구분을 탈피하고 인류 공통의 목표를 지향한다는 점에

서 개발 패러다임을 근본적으로 바꾸었다. 셋째, 소외·취약 계층까지 고려하는 포용적 의제이다. 넷째, 구체적인 이행수단 및 강력한 후속조치·평가 시스템을 확보했다. 이론이나 말로만 그치는 것이 아니라 실천할 수 있도록 시스템을 만든 것이다. 이를 위해 다양한 재정적·비재정적 수단을 동원하도록 했다.

SDGs가 완성되고 1년 후 반 총장은 사무총장직에서 퇴임했다. 10년 재임 중 파리기후변화협약과 더불어 2030 지속가능개발목표는 반 총장의 최대 업적으로 꼽혔으며, 그 수혜자는 지구에서 살아가는 75억 사람들 모두이며 나아가 우리의 후손들이다. 빈곤을 퇴치하고, 교육률을 높이고, 산업을 발전시키면서 자연을 보호하는 일은 대단히 어렵다. 그 어려운 과제를 하나하나 풀어가는 목표를 세우고 실천하게 만든 것은 역사에 길이 남을 위업이 될 것이다. 반 총장의 말처럼, 그 누구도 뒤에 홀로 남아서는 안 된다.

진정한 '인도주의'의 실천

인도주의 人道主義 는 '인간의 존엄성을 최고의 가치로 여기고 인종, 민족, 국가, 종교 등의 차이를 초월하여 인류의 안녕과 복지를 꾀하는 것을 이상으로 하는 사상이나 태도'라고 정의한다. 영어로는 Humanitarianism으로 표기하며 '모든 인간은 동등하다는 입장에서 인류의 공존과 복지의 실현을 꾀하려는 박애적인 사상'이라 풀이한다.

인도주의는 모든 것에 앞서 인간 자체가 가장 중요하다는 정신이다. 그러나 인간은 처한 여건이나 신분, 경제적 상황, 지위에 따라 인간으로서 대우받지 못하는 경우가 많다. 가난하고 권력이 없는 사람, 교육을 받지 못한 사람, 소수 민족 등이 인간으로서 존중받지 못하는 경우가 많으며, 여자라는 이유만으로 동등한 인간으로 취급받지 못하는 나라도 있다.

반 총장이 취임 후 수단 다르푸르 학살 사건이 일어났고, 미얀마에 사이클론이 덮쳐 커다란 인명피해가 발생하였다. 이 외에도 크고 작은 사건, 사고가 세계 곳곳에서 일어났으나 특히 두 사건은 유엔의 존재 이유에 대한 고민거리를 던져주었다. 하나는 자연재해로 인한 것이고 또 다른 하나는 인간 사이의 갈등으로 인해 빚어진 것이지만 모두 선량한 인간의 희생을 가져왔다. 유엔은 전쟁 방지와 평화 유지를 위해 일하지만 그 외에도 수없이 많은 임무가 주어져 있다. 반 총장은 그 임무들을 효율적이면서도 신속하게 수행하기 위해서는 임무를 실천하는 방법이 달라져야 한다고 생각했다.

전임 7명의 총장들이 거시적인 활동에 주력한 반면 반 총장은 비록 언론과 세계인들의 주목을 덜 받더라도 미시적인 해결책으로 인간의 희생을 막을 방법을 강구했다. 5년 남짓 준비를 거쳐 2012년 1월, '인도주의 구호활동의 경험을 서로 공유하고 모범 사례를 도출해내자'는 주제로 정상회담을 개최하자고 세계 여러 나라에 제안했다. 달라진 세계 환경에 따라 인도주의의 새로운 개념을 확립하고 그에 맞는 실천 방법을 모색하자는 주장이었다.

또 하나, 구호나 봉사활동을 내세워 시혜자의 지위를 남용하는 사례도 종종 벌어졌다. 순수한 목적으로 조성된 구호금액을 개인적으로 사용하는 경우도 간혹 나타났다. 언론은 그것을 빌미로 기다렸다는 듯 구호활동 전체와 구호기관을 맹비난했다. 반 총장은 그러한 것을 근절시키고자 유엔 인도주의업무조정국^{UNOCHA}에 세계인도주의정상회의$^{World\ Humanitarian\ Summit}$ 개최 준비를 맡겼다.

조정국은 사실 난감하기만 했다. 우선 인도주의라는 개념부터 사람마다 종교마다, 나라마다 달랐다. 그러나 수많은 토의와 세미나 등을 거쳐 개념을 확립해 나갔고, 세계 각국과의 협의를 거쳐 주제, 일정, 개최지를 선정했다. 제1회 세계인도주의정상회의는 2016년 5월 23~24일 터키 이스탄불에서 열렸다. 반 총장이 회의를 제안한 지 5년 만이었다. 터키가 선정된 데는 아시아와 유럽의 교차로서 그동안 많은 난민들을 받아들인 것이 주요 요인으로 작용했다.

2016년 1월 반 총장은 인도주의의 새로운 개념과 실천방법을 제시한 보고서 〈하나의 인류, 책임감의 공유$^{One\ Humanity,\ Shared\ Responsibility}$〉를 발간했다. 10년 동안 153개 나라 2만3000여 명의 전문가들과 토론하고 자문을 받아 만든 이 보고서에는 그동안 유엔 사무총장으로 일하면서 체감한 문제의식과 해결방법이 담겨 있다.

반 총장은 보고서에서 5가지 핵심 과제를 주창했다. 첫째, 재난을 예방하고 종결해야 한다, 둘째, 인도주의 활동에 따르는 규범을 준수해야 한다, 셋째, 아무도 낙오되지 않게끔 해야 한다, 넷째, 원조받을 필요 자체를 없애기 위한 새로운 작업이 필요하다, 다섯째, 인도주의에 투자하자. 이러한 5가지는 이제까지 그 누구도, 그 어떤 기관도 거론하지 않은 구체적이고 실천적인 방법이었으며 인도주의 활동의 효율성을 증대하기 위해 필요한 핵심 과제였다.

처음으로 열린 세계인도주의정상회의는 성공리에 개최되었다. 앙겔라 메르켈 독일 총리를 비롯해 55개 나라의 정상이 참석했고, 민간 부문과 시민사회, 비정부기구^{NGO} 대표 등 173개국에서 9000여 명이 참여했다. 회의는 세 가지 중요한 성과를 도출했다. 첫째, '그랜드바겐' 즉, 긴급 구호자금을 보다 효율적으로 마련하기 위해 인도주의 활동의 재정 혁신을 단행하기로 했다. 둘째, 재해 대비를 위한 글로벌파트너십^{GPP}을 형성하기로 합의했다. 셋째, 기후변화에 취약한 개발도상국 43개 나라를 선정해 유엔과 세계은행 간 삼각공조를 강화하기로 했다. GPP에 따라 2020년까지 재해 대비가 취약한 20개 나라가 대책을 세울 수 있게 원조를 제공하기로 했다.

반 총장의 보고서는 참석자들에게 중요한 지침이 되었으며 세 가지 성과 외에도 인도주의적 구호활동의 일환으로 교육에 투자하는 것도 새롭게 채택되었다. '원조받을 필요 자체를 없애야 한다'는 반 총장의 어젠다가 있었기에 가능한 일이었다. 특히 교육 투자에 우선순위를 부여하는 〈교육은 미룰 수 없다 펀드〉를 조성하기로 했는데, 영국이 3000만 파운드를 출자하기로 약속하면서 급진전이 이뤄졌다. 이후 여러 나라가 이 펀드에 자금을 제공했다.

이러한 성과에 세계 각국은 찬사를 아끼지 않았다. 총장 재임 10년 동안 인도주의적 구호활동을 효율적으로 혁신하기 위해 수많은 토론과 자문을 거쳤기에 가능한 일이었다는 평가였다. 그 바탕에는 몸소 분쟁지역을 찾아가 현장을 살펴보고, 갈등을 조정하고, 삶의 터전을 잃은 사람들의 호소를 경청한 경험이 있었다.

국제 구호활동에 적극적인 유니레버^{Unilever}는 자사가 출자한 구호기금이 유엔을 통해 긴급한 재난에 더욱 효율적으로 활용될 수 있다는 사실에 깊은 감명을 받았다. CEO 폴 폴먼^{Paul} ^{Polman}은 구호 활동의 혁신과 그 바탕이 된 반 총장의 실행력에 높은 평가를 했다.

"이 모든 것은 반기문 총장의 식지 않는 열정 덕분입니다. 자신을 지킬 수 없는 상황에 놓였던 수많은 사람들을 위해 대신 싸워준 반 총장에게 감사합니다."

경제계를 비롯해 세계 각국의 정치 지도자들, NGO 대표들도 반 총장에 대해 깊은 감사를 표했다. 4개월 후인 2016년 9월, 제71차 유엔총회가 열렸다. 반 총장의 임기 마지막 총회였다. 그 자리에서도 인도주의의 개념을 정립하고 실천 방식을 구체화시킨 것 대한 세계 각 대표들의 헌사가 이어졌다.

인도주의적 구호는 유엔의 임무 가운데 하나이다. 그러나 관습에 젖어 기계적으로 하는 구호는 효율성이 떨어지고 때로는 불협화음을 내고 선의의 피해자를 만들어낸다. 반 총장은 10년의 경험을 바탕으로 이를 개선시켜 인도주의적 구호가 적절하고 효율적으로 이루어질 수 있는 체계를 만들었다. 모든 조건을 초월한 진정한 인도주의의 실천을 한 것이다.

평화에 이바지한 10년

반 총장이 유엔에서 일하는 10년 동안 세계는 여러 사건을 경험하였다. 그 가운데는 일찍이 인류가 겪어보지 못한 사건도 있었으며 매년 반복되는 악폐도 있었다. 반 총장이 유엔 사무총장에 취임한 2007년부터 퇴임한 2017년까지 세계는 정치, 경제, 문화, 군사 등 모든 면에서 격동의 시기였다.

2007년 미국의 서브프라임 모기지 사태 충격으로 세계 금융시장이 요동쳤으며 아프가니스탄에서는 테러단체 탈레반이 파괴를 일삼았다. 미얀마의 민주화가 멀어졌고, 국제유가는 급상승해 배럴당 100달러에 육박해 세계경제에 어두운 그림자를 드리웠다. 2008년 미얀마에 사이클론이 덮쳐 대규모 사망자가 발생했고 금융위기가 지구촌을 휩쓸었다. 러시아-조지아 전쟁이 발발했고 태국에서 시위가 일어나 정권이 교체되었다. 2009년에 중국 경제가 무섭게 성장했으며, 신종플루^{H1N1}가 지구촌을 공포에 몰아넣었고, 스티브 잡스가 아이폰을 발매해 스마트폰 시대를 열었다.

2010년 아이티 강진으로 20만 명이 사망한 것을 비롯해 지구촌 곳곳에서 자연재해가 일어났으며, 이스라엘이 가자지구의 구호선단을 공격했다. 미얀마의 아웅산 수치 여사가 자유의 몸이 되었고, 미군은 이라크에서 철수했으나 연립정부 구성은 진통을 겪었다. 중국과 일본은 센카쿠열도^{尖閣列島}로 갈등을 빚었고 그리스의 재정위기로 유럽이 몸살을 앓았다. 2011년에 아랍의 봄이 들불처럼 번져 중동에 민주화 물결이 일었다. 일본에 대지진이 일어났고 후쿠시마^{福島} 원전 사고로 큰 피해를 입었다. 오사마 빈 라덴, 리비아의 독재자 가다피가 사망했으며 세계무대에서 중국의 존재감이 커졌다.

2012년 시진핑이 중국의 통치자가 되었고 오바마, 푸틴, 아베가 재집권에 성공했다. 시리아 내전으로 4만여 명이 사망하고 40만 난민이 고통을 당했다. 이슬람 나라들에서 반미 시위가 격화되었고 팔레스타인이 자치정부를 세워 이스라엘과 대립했다. 그리고 메르스$^{\text{Middle East Respiratory Syndrome(MERS)}}$ 바이러스가 또 한 번 세계를 긴장시켰다. 2013년 베네딕토 16세 교황이 퇴위하고 프란치스코 교황이 즉위했으며 초강력 태풍 하이옌이 필리핀을 강타해 자연의 역습이 한층 거세졌다. 2014년 러시아가 우크라이나 크림반도를 병합해 국제적 반발을 가져왔고, 에볼라 바이러스 공포가 확산되었다. IS가 중동에서 세력을 넓히면서 테러를 자행했다. 이스라엘은 또 가자지구를 폭격했다.

2015년 IS가 파리에서 폭탄테러를 일으켜 전 세계가 테러와 전쟁에 돌입했다. 미얀마가 53년 만에 민주화되었으며 미국·중국의 패권 경쟁이 격화되었다. 환태평양경제동반자협정^{TPP}이 타결되어 글로벌 무역전쟁의 시대로 접어들었으며, 동유럽·남미에서 좌파정권이 연이어 붕괴되었다. 2016년 미국 대통령에 트럼프가 취임했으며 우간다에서 발병한 지카 바이러스$^{\text{Zika virus}}$가 전 세계로 확산되었다. 시리아 내전은 갈수록 격화되고 IS의 테러도 급증했다. 쿠바의 장기 집권자 카스트로가 사망했으며 필리핀에서는 두테르테가 마약과 전쟁을 강력하게 추진했다.

이 모든 일들에 대한 보고가 매일매일 반 총장에게 올라와 수백 장의 보고서를 읽고 토론하고, 의견을 듣고 가부를 결정해야 했다. 책상 위의 전화벨은 밤과 낮을 가리지 않고 울렸다.

아침부터 밤까지 사람을 만나고, 회의에 참석하고, 연설을 하고, 현지 출장을 갔다. 유엔 사무총장은 세계의 대통령이지만 전용기가 없어 일반 비행기를 타고 가야 한다. 수행원 20여 명과 함께 환승을 하기 위해 중간 기착지에서 6시간 넘게 기다리는 경우도 많다. 그때도 커피숍에서 편히 쉬는 것이 아니라 보고서를 읽고 수행원들과 토론을 벌였다.

시차가 여러 번 바뀌고 도착한 나라에서 잠시 쉴 틈도 없이 미팅이 진행되었다. 유엔 사무총장이 오기를 목이 빠지게 기다린 사람들을 앞에 두고 1~2시간 편하게 쉴 수 없기 때문이다. 특히 분쟁지역의 피해자들이 그러했다. 다시 부랴부랴 공항으로 향했다. 특별기를 제공해주겠다는 나라가 많지만 특혜를 준다는 비난을 받기 때문에 늘 일반 비행기를 탔다.

테러나 내전 등 눈에 보이는 사안은 세계인이 주목하고 언론들도 취재에 열을 올린다. 그러나 인권 향상, 교육의 확대, 영아사망률의 감소, 여성의 평등권 향상, 평화 정착, 종교 화합, 빈곤 극복 등의 성과는 눈에 보이지 않는다. 그런 일은 열심히 해도 당장 효과가 나타나는 것도 아니며 언론의 주목을 끌지도 못한다. 급박한 사건이 터지면 대뜸 '도대체 유엔 사무총장은 무엇을 하는가?'라는 비난이 쏟아진다. 그렇다 하여 그런 일들을 소홀히 할 수 없었다.

반 총장의 임기 10년은 유엔의 새로운 역할과 이정표를 제시하는 의미 있는 시기였다. 전 세계의 문제를 다루는 유엔이야말로 인류의 생존을 위협하는 여러 요소들에 대해 대처할 방안을 마련하여 실천할 수 있는 최적의 단체라고 생각해 왔다.

2016년 9월 개막한 제71차 유엔총회는 반 총장이 주재하는 마지막 총회였다. 피터 톰슨Peter Thomson 유엔총회 의장은 임기 만료를 앞두고 반 총장의 업적을 높이 평가하는 의장 성명을 채택했다.

반기문 총장은 프로페셔널리즘과 지칠 줄 모르는 헌신적인 봉사를 통해 유엔을 이끌었다. 기후변화에 대응하는 전 지구적인 조치를 마련했으며, 지속가능발전 의제 채택으로 세계에 새로운 비전을 제시했다. 또한 양성평등 등 인권 부문에 큰 기여를 했다.

아프리카연합 의장국인 에티오피아의 하일레마리암 데살렌Hailemariam Desalegn Boshe 총리는 '에티오피아 내각과 국민을 대표해 반 총장의 10년의 헌신적 봉사에 감사드린다'며 축복했다. 아일랜드의 첫 여성 대통령(1990~97년) 메리 로빈슨$^{Mary\ Robinson}$은 '반 총장은 무관심 속에서 잊힐 수도 있었던 고아와 난민, 고통 받는 여성들 등 사회적 약자들을 재조명했다. 이들이 보호받을 수 있게끔 이끌어준 반 총장에게 감사하다'고 밝혔다. 키프로스의 니코스 아나스타시아데스$^{Nicos\ Anastasiades}$ 대통령도 감사를 잊지 않았다. 반 총장의 10년 임기가 끝나는 시점에, 공동의 선을 증진하기 위한 그의 헌신과 근면의 성과를 되돌아본다. 우리 정부는 물론 나 또한 개인적으로 감사를 전하고 싶다.

미국 의회에서도 특별한 감사와 경의를 표했다. 에드 로이스 $^{Ed\ Royce}$ 하원 외교위원장은 2016년 하원에서 반 총장은 '10년의 임기 동안 경제·안보·인권에 대한 헌신으로 세계 평화에 기여했다. 국제적인 분쟁과 인도주의적 재난으로 고통 받는 사람들을 돕는 것을 유엔의 확고한 과제로 삼았다. 그는 세계의 인권 증진을 위해 쉼 없이 노력했고, 특히 여권 신장과 양성평등을 장려했다'고 밝혔다.

그의 말처럼 반 총장이 이끄는 10년 동안 인권 향상은 진일보를 거듭했다. 그동안 인류 개개인의 삶을 위협하는 것 가운데 하나는 인권을 무시하는 여러 관습이었다. 오랜 세월 이어온 그 관습들은 여성·어린이, 소수민족의 삶을 위협했다. 유엔은 그

악습을 줄여나가고 근절시켜야 할 책임이 있었다. 반 총장은 재임 기간 내내 소외받는 사람들의 인권 신장을 위해 노력했으며, 특히 여성의 인권 향상에 기여했다.

기후변화에 적극 대응한 것에 대해서도 극찬이 쏟아졌다. 빌 드 블라시오^{Bill de Blasio} 뉴욕 시장은 '반 총장은 전 세계 모든 국가가 직면한 가장 큰 위협에 대처할 수 있도록 글로벌 협력 체제를 강화해냈다'고 말했다. 노르웨이 총리를 지낸 그로 할렘 브룬틀란^{Gro Harlem Brundtland}은 '반 총장은 기후변화의 중요성을 우선적으로 인식했다. 체계적으로 접근한 결과 전 세계를 설득할 수 있었고 목표를 달성했다'고 높이 평가했다. 그 외에도 여러 나라의 지도자와 전문가들이 반 총장에게 깊은 감사를 표했다.

'유엔 아이'의 작별 인사

반 총장은 세계에서 가장 안전한 빌딩 가운데 하나인 뉴욕 유엔본부에 집무실이 있지만 그곳에서 일하는 시간은 극히 적고, 밖에서 활동하는 시간이 많다. 태풍, 폭우, 폭염, 혹한을 무릅쓰고 온 세계를 다닌다. 안전한 곳보다 위험한 곳을 방문하는 일이 더 많다. 그것이 유엔 사무총장의 일이기 때문이다.

2007년 3월, 반 총장은 취임 후 처음 이라크전쟁이 진행 중인 중동을 순방했다. 바그다드의 그린 존에서 기자회견을 하고 있을 때 갑자기 박격포가 공격해왔다. 포탄은 반 총장이 서 있는 곳에서 불과 80m 떨어진 곳에서 터졌다. 천만다행으로 사상자는 없었다. 안전하다는 그린 존에서 불의의 포격을 당했음에도 반 총장은 의연하게 기자회견을 마쳤다.

"유엔은 이라크의 정치·사회적 발전을 위해 더 많은 일을 할 것입니다."

이후 이집트·이스라엘·요르단·레바논을 거쳐 아랍연맹정상회의가 열리고 있던 사우디에 도착했다. 도중에 요르단 강 서안에 들러 유대인 정착촌을 살펴본 반 총장은 마흐무드 아바스 팔레스타인 대통령을 만나 정착촌 문제와 평화 정착 방안에 관해 협의했다. 이스라엘과 팔레스타인의 갈등은 그 이후 훨씬 줄어들었다. 중동에서 일어난 '아랍의 봄' 때도 반 총장은 민주화 세력에 대한 지지를 보냈으며, 리비아 내전이 일어나자 평화롭게 해결하기 위한 중재에 총력을 기울였다. 반 총장은 군사행동에 돌입하는 것을 반대했지만 가다피가 휴전 협정에 비타협적인 자세로 일관하자 국민의 인권보호를 위해 다국적군의 개입을 허용했다. 결국 가다피 독재정권은 무너졌으며 아랍의 봄은 평화의 결실을 맺었다.

중동 문제 외에도 반 총장은 조용히, 보이지 않게 '더욱 안전한 세계'를 만들기 위해 혼신의 노력을 기울였다. 영국 BBC

는 2011년 6월 21일 방송에서 '반 총장이 외교관들 사이에서 근면성실하고 진지한 지도자로 명망을 얻고 있다. 그는 합의와 조화를 이끌어내는 능력이 뛰어난 인물'이라고 극찬했다. 〈뉴욕타임스〉는 '외교문제를 처리하는 과정에서 자신을 드러내지 않는 사려 깊은 자세'를 가졌다고 높이 평가했다. 반군과 평화협정에 성공함으로써 2016년 노벨평화상을 수상한 산토스$^{Juan\ Manuel\ Santos}$ 콜롬비아 대통령은 '반 총장이 콜롬비아 분쟁을 끝내기 위해 그동안 중재 노력을 해준 것에 대해 특히 감사하다'고 말했다.

10년, 3650일, 8만 7600시간 반 총장은 세계를 위해 일했다. 개인적인 시간을 갖지 못한 채 세계가 직면한 문제들을 풀어갈 최선의 해결방안을 찾기 위해 고심했다. 비행기 안이, 모래폭풍 불어오는 사막이, 오지의 숲속이, 난민촌이, 병원 응급실이 그의 집무실이자 편안한 집이었다. 만나는 모든 사람이 친구였고, 가족이었다. 대통령, 총리, 종교인, 기자, 부상당한 군인, 난민촌의 어린이와 그의 어머니, 자신을 비난하는 반대자, 평범한 직장인, 의사, 학생 모두를 가족으로 여겼으며, 심지어 테러단체의 지도자도 품에 안았다. 그는 어디에 가든 환영 받았고 그만큼 행복했다.

2016년 12월 12일. 반 총장은 유엔본부에서 193개 회원국 대표들에게 '고별연설'을 했다.

유엔 사무총장으로 일한 것은 내 평생의 영광이었습니다. 나는 떠날 준비를 하고 있지만 내 마음은 어렸을 때부터 그랬던 것처럼 이곳 유엔과 함께 머물러 있을 것입니다. 나는 한국전쟁 후 유엔의 지원으로 먹고, 유엔이 지원한 책으로 공부했습니다. 그러므로 나는 유엔의 아이(a Child of the UN)입니다. 내게 유엔의 힘은 결코 추상적인 것이 아닌, 내 삶의 이야기였습니다. 유엔의 연대^{solidarity}는 우리가 혼자가 아니라는 것을 보여주었습니다. 유엔에서 일하는 동안 감사의 마음은 매일 더 커졌습니다.

자신의 고국인 대한민국에도 고마움을 전했다.

한국 정부와 국민에게 가장 진심 어린 감사를 표하고 싶습니다. 지난 10년 고국의 전폭적인 지원이 있었기에 제가 세계 평화와 인권을 위해 자랑스럽게 일할 수 있었습니다.

이어 10년의 임무를 짧게 되돌아보았다.

총장으로서 나는 인간의 존엄과 권리에 초점을 맞추어 일했고, 힘없는 사람들의 편이 되려고 노력했습니다. 우리가 할 수 있는 모든 것을 한다면 미래 세대는 평화롭게 살 수 있다는 것을 확신했습니다. 글로벌 금융위기와 분쟁, 난민사태, 질병과 재난, 기후변화 등의 난제를 만났지만 이런 엄청난 어려움에도, 우리는 힘을 합쳐 수천만 명의 인명을 구하고 보호했습니다. 내가 목격한 것은 가장 절박한 위기에 맞서는 국제사회의 단결된 힘이었습니다.

위기 앞에서 단결한 회원국들에게 감사를 표했으며, 큰 공적으로 꼽히는 파리기후변화협약과 유엔의 미래 개발 청사진인 '2030 지속가능개발목표^{SDGs}'에 대해서는 '모든 사람에게 더 안전하고 정의롭고 평화로운 세계를 향한 길을 열었다'고 자평했다. 향후 유엔의 과제에 대해서도 조언을 잊지 않았다.

지구촌에는 고통과 분쟁, 여성·아동에 대한 폭력과 착취, 인종 간 증오가 여전히 계속되고 있습니다. 모든 사람은 빈곤과 공포에서 벗어나 행복하게 살 권리가 있습니다. 이러한 권리는 사치가 아니며 모든 사람들이 마땅히 누려야 하는 것입니다. 이러한 인간의 권리를 존중하는 가운데 원칙을 가지고 일을 해나가야 합니다. 우리 모두 이기심에서 비롯된 편협한 국가 중심적 사고를 뛰어넘어 하나의 공동체가 되어야 합니다.

유엔 총회장에는 큰 박수가 쏟아졌다. 반 총장은 마지막 감사의 말로 연설을 마쳤다.

그동안 저에게 보내준 여러분의 지지와 성원에 감사드리며 유엔의 고귀한 목표와 원칙이 계속 지켜지길 바랍니다.

퇴임하는 마지막 순간까지 반 총장은 최선을 다해 바쁜 일정을 소화했다. 여성 권익신장을 위해 건립된 유엔기구인 유엔여성기구$^{UN\ Women}$가 반 총장을 위한 특별 전시회를 열었으며, 안전보장이사회가 특별회의를 열어 반 총장의 노고를 기리는 결의안을 채택했다. 반 총장 환송과 차기 총장 환영을 위한 뉴욕 필하모닉 오케스트라의 공연도 열렸다. 16일에는 유엔 출입

기자단^{UNCA}과 공식 기자회견을 하고 저녁에 UNCA의 연례만찬에 참석해 기자들과 석별의 정을 나누었다. 그렇게 공식 일정이 모두 끝났다.

12월 31일 반 총장은 제8대 유엔 사무총장에서 퇴임함으로써 세계의 대통령 자리에서 물러났다. 후임은 포르투갈의 안토니우 구테흐스$^{Antonio\ Guterres}$였다. 세계는 반 총장에게 감사했으며 그가 이룬 성과를 잊지 않았다. 그가 세계 곳곳에 뿌린 평화의 씨앗은 모진 풍파를 겪으며 자라나 우리가 사는 세상을 아름답고 행복한 곳으로 만들어가고 있다.

7장

평화를 위한 새로운 일

세계는 여전히 그가 필요하다

"이제는 조금이나마 쉴 수 있겠네요."

유엔 사무총장에서 퇴임하자 반기문의 평생 동반자 유순택 여사는 오랜만에 평온한 마음이 들었다. 1971년 결혼하고 이듬해 인도에 부임한 이래 45년 동안 한시도 쉬지 않았다. 외무 차관에서 급작스럽게 물러난 해 몇 개월 휴지 기간이 있었을 뿐이었다. 유엔 사무총장 시절 10년은 말할 것도 없고, 45년 동안 전 세계를 다니며 오직 일에만 몰두했다. 두 사람 모두 74세로 이제 은퇴해 노후를 즐기며 살아도 괜찮을 나이가 되었다고 생각했다. 10여년 만에 고국으로 돌아가 사회에 봉사하며 살고 싶

었다.

그러나 사무총장에서 물러난 지 반년이 채 지나지 않은 2017년 5월 하버드대 케네디스쿨에서 반기문에게 종신교수직 DISTINGUISHED SERVICE PROFESSOR을 제안했다. 하버드대는 반기문이 행정대학원 케네디스쿨에서 석사학위를 받은 곳이며, 2014년 하버드대학에서 수여하는 '올해의 인도주의자상'을 받은 인연도 있었다. 반기문은 이를 쾌히 받아들였다. 자신의 오랜 경험을 미래 세대에게 전해줄 수 있다는 것은 보람 있는 일이었기 때문이다.

국제올림픽위원회[IOC]도 반기문을 IOC 윤리위원장으로 지명했다. 1999년 설립된 IOC 윤리위원회는 IOC 산하 독립기구로 IOC 위원 및 올림픽 관련 인사들의 IOC 윤리 규정 준수 여부를 조사해 위반 사항이 발견되면 IOC 집행위원회에 통보하는 일을 한다.

신임 반 위원장은 '어떤 조직이 성공하기 위해 윤리는 꼭 필요합니다. 저는 유엔에서 일할 때 윤리문화를 강화하고자 노력했으며, 투명하게 조직을 이끌었습니다'고 강조했다. 이어 'IOC 윤리위원장으로 일하기에 부족하지만, 많은 잠재력을 가진 스포츠를 통해 인권이 존중받고 보호받는 더 나은 세상을 만들도록 힘을 합쳐 나가기를 요청합니다.'라고 덧붙였다.

반 위원장은 IOC 윤리위원장이 된 후 가진 언론 인터뷰에서 2017년 평창동계올림픽은 안전한 대회가 될 것이라고 강조했다. '전 세계에서 온 모든 선수가 안전하게 기량을 뽐내며 평창동계올림픽에서 경기를 할 수 있다고 여러분에게 장담한다.'고 말했다. 그의 말처럼 92개 나라에서 2833명이 출전한 평창올림픽은 안전하게 치러졌으며, 북한이 참석해 남북화해의 새로운 기틀을 마련한 계기가 되었다.

한국의 연세대학교에서도 반기문에게 석좌교수직을 제안해 반기문은 흔쾌히 받아들였다. 연세대는 반 위원장이 추진한 2030 지속가능개발목표^{SDGs}에 큰 의미를 두고 있었고, 이를 학교에서 연구하고 학생들에게 가르쳐 줄 것을 요청했다. 반기문은 2017년 7월부터 글로벌사회공헌원 명예원장으로 일하며 온라인 공개 강의를 통해 SDGs에 대한 개념과 과정, 실천 방향, 인류에게 끼치는 영향 등을 가르쳤다.

연세대는 반 위원장의 글로벌사회공헌원 취임과 더불어 '반기문지속가능성장센터$^{Ban\ Kimoon\ Center\ for\ Sustainable\ Development}$'를 열었다. 이에 대해 김용학 총장은 이렇게 의미를 부여했다.

"'Mr. 기후변화'라 불리던 반 총장의 참여는 특히 기후변화와 관련한 다양한 연구 활동에 큰 힘이 될 것으로 기대됩니다. 반기문센터는 곧 지구촌 공동체의 지속가능성장에 기여하는 장이 될 것입니다."

나아가 반 총장과 협력관계를 통해 향후 유엔의 지속가능개발목표 달성을 위한 국내적 이행 촉진, 특히 기후변화와 관련된 활동을 더욱 강화해 나갈 예정이다.

반 총장에게 퇴임이라는 단어는 어울리지 않았다. 그는 여전히 청춘이었고 세계와 인류, 미래를 위해 해야 할 일들이 기다리고 있었다.

푸른 하늘을 되찾기 위해

 매년 봄이 되면 새봄이 왔다는 기쁨과 설렘이 가득하지만 한국인에게는 불청객이 있었다. 바로 황사였다. 중국에서 불어오는 이 누런 모래바람은 두 달 넘게 한반도 전체를 덮었다. 황사는 한반도를 지나 일본, 대만까지 불어 닥쳤으며 바람이 심하면 저 멀리 호주와 뉴질랜드까지 피해를 입혔다. 1990년대까지만 해도 황사는 중국이 발원지라고 생각해 대책을 세울 생각도 못했으며 실제 국가적인 대책을 마련할 여건이 되지 못했다.

 1990년대 이후 중국의 공업이 급격히 발전하면서 그에 따라 황사의 농도가 심해졌으며 황사가 나타나는 기간도 길어졌다. 맑고 푸른 봄 하늘은 사라지고 하늘이 온통 잿빛으로 변하는 날이 더 많았고, 호흡기 관련 질병이 늘어나고 산업에 끼치는 피해 또한 막대했다.

황사는 국가적인 문제로 떠올랐으며 곧 세계적인 이슈가 되었다. 사람들은 차츰 의문을 갖기 시작했다. 과연 황사가 중국만의 책임인가? 모든 요인을 중국으로 떠넘기고 마냥 황사의 계절이 지나가기만을 기다릴 것인가? 근본적인 해결책을 찾지 않으면 어떻게 될 것인가?

우려는 컸지만 해결책을 강구하지 못한 채 2010년대 들어 황사라는 단어는 '미세먼지'라는 새 단어로 교체되었다. 한국을 비롯한 각국은 미세먼지에 대한 대책을 세우기 시작했다. 가장 먼저 해야 할 일은 컨트롤타워를 구축하는 것이었다. 2019년 3월, 당시 바른미래당 손학규 대표는 미세먼지 해결을 위한 범사회적 기구를 구성하고, 반기문 전 총장에게 위원장을 맡길 것을 제안했다. 문재인 대통령은 제안을 곧 수락하고 반 총장에게 이 뜻을 전했다. 반 총장 역시 즉각 받아들였다.

"미세먼지 문제, 기후변화 문제를 해결하겠다는 대통령의 확고한 의지를 확인했습니다. 국제 환경문제를 오랫동안 다뤄온 경험을 바탕으로 국가에 도움이 될 기회를 주신 것을 기쁘게 생각합니다."

대통령을 만난 자리에서는 중요한 약속을 했다.

"미세먼지에서 자유로운 일상을 국민에게 돌려드리도록 노력하겠습니다."

그러나 이 임무가 굉장히 어렵고 국민들의 적극적인 지원이 필요하다는 것을 밝혔다.

"미세먼지에 관한 국민적 관심이 매우 높으나, 단기간에 해결하기는 어려운 과제여서 본인이 국민의 기대에 못 미칠까 부담과 걱정이 있습니다. 범국가기구는 모든 정당, 산업계, 시민사회 등까지 폭넓게 포괄해야 합니다."

취임 전에 반 총장은 실태를 파악하기 위해 중국 베이징을 방문해 현황을 꼼꼼히 살피고 돌아왔다. 그의 보고는 사람들의 예상을 빗나간 것이어서 잠시 충격에 빠트렸다.

"중국에 있는 사흘 동안 하늘이 참 맑았습니다. 미세먼지 절감에 대한 노력을 한국보다 더 열심히 하는 것으로 보였습니다."

이 말은 곧 미세먼지의 책임을 중국에만 몰아붙이는 인식을 버리고 우리 스스로가 먼저 자신을 돌아보고 그에 맞는 해결책을 찾아야 한다는 주장이었다. '미세먼지의 책임은 한국에도 있다'는 발언은 이제까지의 통념과 고정관념을 여지없이 깨는 것이었다. 곧 반격이 이어지고 시끌시끌한 이슈가 되었다. 어떤 의미에서는 그것이 미세먼지 해결의 첫걸음이었다. 2019년 4월 29일 국가기후환경회의가 출범하면서 반기문은 위원장에 정식 취임하였다.

함께 가는 길

반 위원장 앞에 놓여 있는 임무는 이제까지 맡은 일 가운데 가장 어려운 일이 될지도 몰랐다. 미세먼지의 개념, 원인, 과정, 해결책은 사실 아무것도 없었다. 반 위원장은 제로에서 시작했다. 조직을 만들고, 임무를 규정하고, 직원들을 채용하고 배치하고, 관계기관과 협의하고, 다른 나라의 기관들과 정보를 교환하고, 현상을 파악하고, 국민들의 협조를 이끌어내고… 이 모든 일들의 끝에는 '해결책'을 만들어내는 결과가 있어야 했다.

가장 먼저 국가기후환경회의가 해야 할 일을 규정했다.

첫째, 국민 합의에 기반한 범국가적 대책 제안. 이를 위해 적극적인 국민소통·참여에 기반한 의제 발굴 및 공론화를 거쳐 정부에 정책을 제언하고 상시 소통채널을 구축한다. 둘째, 범사회적 국민행동 변화 촉구. 이를 위해 사회적 차원의 근본적 해결을 위해 미세먼지 국민행동 지침 등을 사회 각 분야에 권고한다. 나아가 산업계가 자발적으로 미세먼지를 저감시킬 수 있는 방안을 만들고, 국민 주도의 미세먼지 행동주간 캠페인 확대 등 범사회적 실천을 추진한다. 셋째, 국제 네트워크 구축 및 확대. 즉 동북아 국가들과 양자협력·다자협력을 강화하고, 국제기구를 통한 미세먼지 관련 국가 간 협약을 체결한다.

이를 추진하기 위해 국가기후환경회의는 3개 파트로 구성되었다. 1)일반국민을 대표하는 국민정책참여단, 2)정당, 산업계, 시민사회를 대표하는 본회의, 3)한국 최고의 미세먼지 전문가로 이루어진 전문위원회(5개), 분야별 협의체(3개), 자문단으로 꾸려졌다. 이를 바탕으로 6월 9일 국민대토론회를 시작으로 길고 험한 여정을 출발했다. 미세먼지 전문가 컨퍼런스, 자문단 회의, 권역별 토론회 등이 순차적으로 열렸다. 9월에는 국민건강 보호대책 등을 담은 미세먼지 대책 국민정책제안을 발표했다.

그리고 11월에 첫 국제포럼을 열었다. 아시아태평양경제사회위원회[UNESCAP]와 공동으로 '대기오염 및 기후변화대응 국제포럼'을 개최했다. 국무총리 등 한국 인사 250명, 리간지[Li Ganjie]에 중국 생태환경부 장관, 남스라이 체렝바트$^{Namsrai\ Tserenbat}$ 몽골 환경 장관, 야닉 글레마렉$^{Yannic\ Glemarec}$ 녹색기후기금$^{Green\ Climate\ Fund}$ 사무총장 등 해외 인사 100명을 포함하여 총 350여 명이 참석했다. 미세먼지에 대한 각국의 관심과 더불어 반 위원장의 국제적인 위상을 잘 보여주는 대규모 행사였다. 개회사에서 반 위원장은 우리의 책임을 다할 것을 주문했다.

"우리는 대기오염과 기후변화 영향의 피해자인 동시에 가해자입니다. 다음 세대에 지속가능하고 깨끗한 미래를 물려주기 위해서는 책임을 다하고 과거의 잘못된 선택과 실수를 바로잡아야 합니다."

포럼 참가자들은 전 세계적으로 대기오염이 건강에 미치는 영향에 대한 관심이 높아지고 있는 가운데 국가 간 모범사례 공유 파트너십의 필요성을 강조했다. 리간지에 장관, 국무총리, 반 위원장, 팔달초등학교 5학년 최정원 학생이 나란히 〈미래를 위한 파트너십 선언문〉에 서명하고, 미세먼지와 기후변화에 효과적으로 대응하기 위해 모든 이해당사자가 더욱 협력해야 한다는 의지를 표명했다. 특히 동북아지역 미세먼지 해결을 위해서는 공동 대응이 공동의 이익이라는 인식을 공유하는 것이 중요하며, 역내 신뢰 형성을 위해 과학적/기술적 분야에서 협력을 심화시킬 것을 제언하면서 첫 번째 포럼은 성공리에 막을 내렸다. 국민들의 관심을 불러일으키고 미세먼지 절감에 동참해야 한다는 인식을 심어주는 중대한 의미가 있었다.

포럼이 끝난 며칠 후에는 '미세먼지와 국민건강'을 주제로 콘퍼런스를 열었다. 질병관리본부·대한의학회와 공동으로 주최한 콘퍼런스에서는 보건의료 전문가와 시민사회단체, 국민정책참여단 등 150여 명이 참석했다. 미세먼지로부터 건강을 지키기 위한 일상생활 국민행동 권고안 발표 및 토론을 진행했다. 이어 국민과 전문가가 직접 소통하며 미세먼지의 건강 영향에 대한 궁금증을 해소하는 한편, 미세먼지가 질병에 미치는 영향과 그 예방에 대하여 연구개발 방향을 논의했다. 여기에는 국민 참여가 중요 의제로 떠올랐다. 미세먼지 대책은 전문가만의 임무가 아니라 국민들의 참여가 중요하다는 것을 다시 한 번 일깨웠다. 반 위원장은 개회사에서 콘퍼런스가 추구해야 할 의미에 대해 강조했다.

오늘 콘퍼런스를 통해 국민과 전문가가 직접 소통하며 미세먼지로부터 건강을 지키는 방안에 대해 공감대를 형성하고, 발전적인 대안이 마련되기를 기대합니다.

언론 인터뷰에서는 인접국과 협력 중요성에 대해 강조했다.

"미세먼지는 누구나 할 것 없이 다 영향을 미치고 특히 인접국 간에 서로 영향을 미치게 됩니다. 따라서 우리가 서로 인접국에 대해 손가락질하고 책임 공방하는 것보다는 우선 우리가 할 수 있는 일을 최대한으로 하고 또 동시에 인접국과의 협력관계도 해나가는 것이 바른 방법입니다. 중국도 그런 문제에 대해서는 동감하고 있습니다. 6월 5일은 유엔이 정한 세계환경의 날입니다. 제가 유엔과 중국이 공동으로 주최한 세계환경의 날 행사에 참석해서 환경부장관과 부총리 등과 한중 간에 긴밀히 협력해 나가자고 했습니다. 참석했던 많은 국제 전문가들도 동조를 했습니다."

출범 1년 만에 많은 성과를 올린 반 위원장과 국가기후환경회의는 2019년을 마감하면서 미세먼지 절감과 환경보호를 위한 미래 대책을 발표했다. 전략, 수송, 발전, 기후·대기 분야에서

'대표 과제' 8개를 선정하고, 산업, 생활, 국제협력, 국민건강 등 '일반 과제' 29개를 선별해 집중적으로 추진하는 계획을 세웠다. 그 계획들은 2020년 코로나의 위협 속에서도 차근차근 실천되고 있다. 반 위원장이 이끄는 국가기후환경회의는 우리 모두가 푸른 하늘을 찾는 그날까지 희망의 메신저가 될 것을 약속했으며, 그 약속을 지켜나가고 있다.

인생의 진정한 승자

대한민국에서 공무원과 공·사립학교 선생님들의 살림살이가 나아지기 시작한 것은 1980년대에 들어서였다. 그 이전 시절, 공무원 월급은 지극히 적어서 5식구가 겨우 한 달을 살아갈 만큼 월급이 주어졌다. 지금은 잘 사용하지 않는 '쥐꼬리 만한 월급'이라는 말이 결코 과장은 아니었다. 사회에 첫발을 디딘 반기문 외교부 직원도 마찬가지였다. 외무고시 출신이어서 일반 공무원보다는 약간 많은 월급을 받았으나 여유로운 살림을 꾸려나갈 정도는 아니었다.

결혼 후 흑석동에 15만 원짜리 단칸방을 얻어 신혼살림을 시작했으며 외국에 거주하지 않고 한국에 살 때는 30년 동안 전

셋집을 전전했다. 한국 정부는 건국 이래 공무원의 부정 부패와 뇌물 수수를 강력하게 단속했는데, 그럼에도 불구하고 공직자들의 불미스러운 부정 부패 사건은 쉬지 않고 언론에 오르내렸다. 그러나 반기문은 45년 간의 공직생활 동안 단 한 번도 불미스런 사건에 이름을 올리지 않았다. 평생을 청렴결백하게 살았으며 아들딸의 결혼식도 비밀리에 가족들만 모여 치렀으며 축의금도 일체 받지 않았다.

1970년대에 평범한 한국인이 외국에 나가는 일은 거의 불가능했다. 그 시절 외국에 나갔다 오면 주변 사람들이 부러워했고 혹 선물이라도 받지 않을까 은근히 기대했다. 반기문은 외교관으로서 세계 대부분의 나라를 다녔으나 돌아올 때 그 흔한 볼펜 한 자루, 열쇠고리 하나도 사오지 않았다. 처음에는 '아니, 미국에 갔다 오면서 볼펜 하나 안 사왔단 말이야?' 라는 불만의 소리를 자주 들었다. 그러나 사람들은 곧 반기문의 청렴함을 알고는 더 이상 불만을 말하지 않았다. 그러한 청렴결백이 쌓여 유엔 사무총장까지 오른 힘이 되었다.

반기문의 근면 성실함은 한국뿐만 아니라 전 세계에 알려져 있다. 어렸을 때부터 배움에 대한 열망이 강해 늘 공부에 전념했으며 중학교 때는 살아있는 영어를 배우기 위해 충주비료공장에서 일하는 미국인을 찾아가 직접 영어를 배웠다. 고등학교 3학년 때 VISTA 장학생으로 선발되어 케네디 대통령을 만난 것, 외무고시에 차석으로 합격한 것, 미국에 체류할 때 하버드대학 케네디스쿨에서 석사학위를 받은 것, 모두 학구열의 결과였다.

반기문은 끊임없이 배웠다. 외교관이 된 후로는 프랑스어를 배우기 시작해 자크 시라크 대통령과 매끄럽게 대화를 나눌 정도의 실력을 갖추었다. 또 세계 각국의 외교관들과 긴밀하게 교제하기 위해 사교댄스를 배웠다. 장관이 된 후에는 세계 여러 나라의 현황을 연구하고 그에 맞는 한국의 전략을 정해 다른 나라와의 외교관계에서 유리한 협상을 이끌어내었다. 2006년 외교부 장관으로 재직할 때 노무현 대통령을 수행해 유럽과 미국을 24박 26일 순방한 놀라운 출장기록을 세웠다. 2년 10개월 동안 111개 나라를 방문했고, 357일 해외 출장을 가 재직 기간의 1/3을 해외에서 보낼 만큼 열정적으로 일했다.

1991년 미주 국장으로 일할 때의 일이다. 판문점에서 열리는 한반도 비핵화 공동선언 협상 현장에서 일을 하고 있었는데 아버지가 교통사고로 급작스레 사망했다. 아버지가 눈을 감은 후에야 병원에 도착한 그날의 아픔은 오래도록 아픔으로 남아 있다.

유엔 사무총장으로 일하던 10년 동안 단 하루도 편히 쉬어 볼 날이 없을 정도로 일했다. 지구촌을 내 집 마당으로 여기고 분쟁이 있는 곳, 아픔이 있는 곳을 찾아가 해결책을 모색했다. 유엔본부에 있을 때는 하루에 10번 연설을 하는 날도 있었다. 이념이 달라 반 총장을 비난하는 언론과 국가도 간혹 있었으나 근면과 성실, 겸손에 대해서는 이구동성으로 칭찬을 아끼지 않았다.

미국에 주재할 때 유학생이 오면 집으로 불러 식사를 대접하고, 교민들에게 어려운 일이 있으면 자신의 일처럼 발 벗고 나섰다. 못 박는 일, 형광등 갈아주는 일도 마다하지 않았으며 아무리 바빠도 주말에 열리는 교민행사에 빠짐없이 나갔다. 외교관 초기 시절부터 호텔에 머물 때는 청소부나 기사들에게 깍듯이 고마움을 표했으며, 난민촌에 가면 가장 먼저 어린이와 여성들이 편안한지 살폈다.

이 모든 일들의 바탕에는 세계평화에 대한 갈망이 있었다. 유엔 사무총장으로서 세계의 평화와 화합에 이바지한 것은 반기문뿐만 아니라 한국의 영광이기도 하다. 파리기후협약, 미얀마 태풍 참사의 구호, 아랍의 봄, 아프리카의 개발과 분쟁 조정,

여성 권익의 증진, 어린이 교육의 증대, 곳곳에서 발생하는 내전의 종식 모두 평화가 그 목적이다. 반기문은 많은 일들을 해냈다. 거기에는 중요한 원칙이 있다.

"인생에서 진정한 승자가 되고자 한다면 효율성보다는 도덕성을 더 중요하게 여겨라. 눈으로 보는 세상보다 마음으로 이끌어주는 도덕성이 더 중요한 나침반임을 잊지 말라."

반기문은 이제 조국으로 돌아와 국가기후환경회의 위원장으로서 중요한 일을 하고 있다. 우리는 언젠가 푸른 하늘을 볼 것이라 믿는다. 그리고 반기문이 보여준 모범적인 궤적을 따라 미래 세대들이 세계 평화를 위한 일꾼으로 거듭날 것을 믿는다.

2020
Seoul
Ban Ki-moon

SUNHAK PEACE PRIZE

1. 수상자 선정 사유
2. 수상 소감
3. 수상자 업적

■ 2020년 선학평화상 설립자 특별상 선정 사유

반기문 전 유엔 사무총장은 2006년 한국인으로는 최초로 유엔 사무총장에 올라 두 번의 임기를 성공적으로 수행하여 인류평화에 크게 기여했다. 그는 기후변화의 심각성을 온 세계인에게 크게 부각시켰으며, 인류사에 기념비적 조치인 '2015 파리 기후협정'을 성공적으로 이끌어냈다. 또한 세계 모든 국가가 공동으로 추진해 나갈 발전목표$^{\text{Sustainable Development Goals(SDGs)}}$를 채택하여 인류 공동 번영의 마스터플랜을 제시하였으며, 양성평등과 아동의 보건 증진을 위한 범세계적 전략을 실행하는 데 크게 공헌했다.

■ **수상자 소감**

"우리 시대의 평화만이 아니라 모든 시대를 위한 평화"

천주평화연합의 설립자 한학자 총재님.

선학평화 위원장 홍일식 박사님, 마키 살 세네갈 대통령님 대신하여 오신 아마두 바 외교부장관님, 무닙 유난 주교님, 존경하는 내외 귀빈 여러분, 전직 국가수반 여러분, 신사 숙녀 여러분!

제4회 선학평화상을 받게 되어 큰 영광입니다. 저는 이 존경받는 영예에 대해 심심한 사의를 표합니다. 제가 이 상을 영예롭게 만드신 훌륭한 역대 수상자들의 전철을 밟게 되어 매우 의미가 깊습니다. 저는 이 상을 겸허히 받고자 합니다. 이 상은 정말로 지원을 필요로 하는 세계 모든 사람들을 위해 유엔이 훨씬 더 나은, 훨씬 더 많은 일을 하기를 바라면서 전 세계 많은 사람들을 대신하여 선학평화상재단이 주는 매우 명예롭고 특별한 평화상입니다. 이 영예를 혼자만 받게 되어 참으로 송구

합니다. 다시 한번 감사드립니다.

저는 특별히 한학자 총재님께 이 공로를 돌리고 싶습니다. 한 총재님은 오랫동안 세계평화, 세계시민권, 지속가능한 개발 이슈를 지지하는 노력을 해오셨고, 높은 선견지명으로 이 상을 후원하고 계십니다. 또한 이 기회를 빌어 선학평화상재단의 인상적인 업적과 미래지향적인 비전에 찬사를 보내고 싶습니다. 선학평화상재단은 세계평화와 지속가능한 세계를 향한 길에 꼭 필요한 이해와 협력, 관용을 확대시키는 업적을 세우고 있습니다. 때문에 저는 평화, 인간개발, 공존, 환경보호의 중요성을 확고히 믿고 있는 선구적인 사람들의 이상理想을 더욱 발전시키고자 하는 선학평화상을 수상하게 되어 매우 자랑스럽게 생각합니다. 이 특별한 영광을 주신 선학평화상재단 관계자 여러분께 깊은 감사를 표합니다.

존경하는 내외 귀빈 여러분!

우리의 세계는 변화하고 있고 이는 지정학적, 경제 질서에 많은 새로운 도전과 불확실성을 가져오고 있습니다. 다자협력은 점점 더 회의적으로 여겨지고 있습니다. 유엔이 대표하고 또 상징하는 다자협력은 오늘날 큰 위기를 맞고 있습니다. 다자주의는 제2차 세계대전 이후 세계를 안내해주는 기본적인 틀이었으며, 오늘날 이 세계를 이끄는 국가들은 다자주의의 혜택을 가장 많이 받았습니다. 그러나 그들은 지금 보호 무역주의, 일방주의, 개인주의, 고립주의에 대해 말하고 있습니다. 유엔과 다자주의의 지도원칙을 계승해야 하는 전 유엔 사무총장으로서 깊이 우려되는 대목입니다.

동시에 기후위기로 인해 산불이 타오르고, 해수면이 상승하며, 기온은 계속 상승하며 심화되고 있습니다. 이러한 불안정성과 쇠퇴하는 국제주의의 배경 아래에서, 저는 우리가 함께 일해야 한다고 굳게 믿고 있습니다. 아무리 지략이 풍부하고, 힘이 세더라도 한 국가나 개인이 단독으로 해결할 수는 없는 문제들입니다. 우리는 함께 힘을 모아야 합니다. 이것이 유엔 사무총장 퇴임 이후 저의 일관되고 지속적인 메시지였습니다. 저는 여기에 모인 평화를 사랑하고 인간의 존엄성을 존중하는 여러분께 깊은 영광과 용기를 얻습니다.

내외 귀빈 여러분!

저는 10년간 유엔 사무총장직을 수행하는 동안 파트너십의 힘을 활용하고, 세계시민 의식을 고취하기 위해 노력했습니다. 저는 수없이 많은 세계 지도자들, 기업 지도자들, 시민 사회 지도자들을 만났습니다. 그러나 세계시민권을 바탕으로 한 글로벌 비전이 있는 지도자는 별로 보지 못했습니다. 우리는 우리의 젊은이들, 젊은 세대와 여성을 육성하여 그들이 글로벌 비전을 가진 글로벌 리더가 될 수 있도록 해야 합니다. 그것이 저의 간절한 희망입니다.

영상에서도 보셨듯이 저는 사무총장으로 재임하는 동안 가장 중요한 인류의 존재론적 위협 두 가지를 우선 과제로 정했습니다. 바로 '기후위기'와 '지속가능한 개발목표'입니다. 우리가 유엔의 개발과 기후에 관한 약속을 이행하려면 비영리단체, 시민사회단체, 종교단체, 자선가, 그리고 여러분과 같은 주요 이해관계자들의 적극적인 참여를 포함한 세계적인 파트너십이 필요합니다.

2015년 9월 25일 전 세계 지도자들은 유엔 총회에 모여 '지속가능발전목표'를 채택함으로써 2030년 말까지 가난에 시달리는 사람이 없고, 예방 가능한 질병으로 죽는 사람이 없으며, 인간의 존엄성을 존중받지 못하는 사람이 없을 것을 약속하였습니다. 이것들은 세계 지도자들의 약속입니다. 이것들은 유엔의 약속들입니다.

특히 청년들은 SDG 달성, 기후 변화 대응, 평화 구축 및 갈등 해결과 같은 세계의 수많은 과제를 해결하는 데 매우 중요한 역할을 하고 있기에 전 지구적인 문제를 해결하기 위해서는 청년들과 함께해야 합니다.

그러므로 저는 유엔에서 은퇴한 후에도 재임 때와 같은 것들을 위해 인권 증진, 시민 사회의 참여, 기후 변화 및 지속가능한 개발목표와 거의 동일한 것에 최선을 다해 왔습니다. 이런 관점으로 저는 2년 전 오스트리아 빈에 본부를 둔 '반기문 세계시민센터'를 발족하고, 서울에서는 '보다 나은 미래를 위한 반기문 재단'을 설립했습니다. 우리는 전 세계 모든 사람들이 보다 나은 미래를 즐길 수 있도록 함께 일해야 합니다.

존경하는 내외 귀빈 여러분!

2030년까지 향후 10년 동안 우리가 취하는 조치는 인류와 지구의 미래 생존에 매우 중요할 것입니다. 때문에 우리는 진정한 평화, 화합 그리고 사람들 간의 화해를 빛내기 위해 함께 열심히 노력해야 합니다. 어떤 평화일까요? 존 F. 케네디 대통령의 말이 생각납니다. 케네디 대통령은 "제가 생각하는 평화는 순수한 평화, 지구상의 삶을 살 만한 보람이 있게 해주는 평화, 세계의 인류와 국가들이 성장하고, 또 그 후손들이 보다 좋은 삶을 바라고 건설할 수 있게 해줄 평화, 단순히 우리 시대의 평화만이 아니라 모든 시대를 위한 평화입니다"라고 말했습니다.

2020년 쥐의 해를 맞아, 그리고 앞으로도 우리 모두는 지속가능성, 평화, 번영에 기반을 둔 공동의 운명을 공유할 것입니다. 모든 세계 시민들의 공통된 운명을 실현하는 것은 우리의 도덕적 의무이자 정치 지도자들의 정치적 의무입니다. 이를 위해 저는 여러분들을 위해 보다 나은 세계를 만들기 위해 더 열심히 노력할 것입니다.

마지막으로 여기 단상 위에 앉아 있으면서 발견한 것인데, 저쪽에 걸린 제 사진을 봐주십시오. 저는 오늘 사진 속 넥타이와 같은 것을 매고 있습니다. 우연입니다. 제 아내가 제가 오늘 평화상을 받는 것을 알고 골라주었습니다. 이 넥타이는 유엔의 상징입니다. 저는 매해 9월 21일 '유엔 국제평화의 날'에 이 넥타이를 매왔습니다.

신사 숙녀 여러분, 우리 모두 함께 이 세상에 평화를 실현시키기 위해 일합시다. 대단히 감사합니다.

2020년 2월 5일

■ 반기문이 걸어온 길

- 1970년 서울대학교 외교학과 학사 졸업, 외무부 입부
- 1985년 하버드대학교 케네디 행정대학원 석사 졸업
- 1996년 외무부 외교정책실장
- 1996년 대통령 외교안보 수석비서관
- 1998년 주오스트리아 대사
- 2000년 외교통상부 차관
- 2003년 대통령 외교보좌관
- 2004년 제33대 외교통상부 장관
- 2007~2016.12 제8대 UN 사무총장
- 2017.07~ 연세대학교 글로벌사회공헌원 및 반기문 지속가능성장센터 명예원장
- 2017.09~ IOC (International Olympic Committee) 윤리위원장
- 2018.01~ 반기문세계시민센터 공동위원장
- 2018.02~ Global Green Growth Institute (GGGI) 의장
- 2018.04~ Boao Forum for Asia 이사장
- 2019.04~ 보다 나은 미래를 위한 반기문재단 이사장
- 2019.04~ 미세먼지 범국가기구 위원장

제8대 유엔 사무총장 취임 연설문

취임선서 때 언급한 충직과 지각, 양심은 헌장과 함께 제가 사무총장으로서 직분을 수행하는데 표어가 될 것입니다.

세계 최고의 직업을 승계한 데 대해 전임자인 아난 총장에 사의를 표하며 전임자의 위업을 이어받는 것을 영예스럽게 생각합니다. 아울러 아난 총장에게 주어진 숱한 찬사에 저의 찬사를 추가하고자 합니다. 아난 총장의 재임 시기는 높은 이상과 고상한 희망, 대담한 시도 등으로 특징지워지며 아난 총장의 용기와 비전은 세계에 영감을 주었습니다. 아난 총장은 도전받는 시기에 유엔을 이끌어 21세기로 굳건하게 인도했습니다. 아울러 아난 총장의 위업을 물려받는 과정에서 그는 저에게 지혜와 인도를 베풀어주는 관대함을 보였습니다.

사무총장 임명 절차가 조기에 마무리됨에 따라 저는 취임에 앞서 2달간의 준비기간을 갖는 전례없는 특권을 누렸습니다.

저는 이 기간 각 대표단과 사무국은 물론 보다 넓은 유엔 가족들내 미래의 동료들로부터 듣고 배웠습니다. 저는 우선 유엔 내에 높은 수준의 직업주의와 헌신 및 지식을 목격했습니다. 저는 이러한 지식들을 갖추고 유엔에 봉직하는 능력있고 용기있는 남녀 직원들과 함께 매일, 때로는 어려운 상황이나 위험한 상황에서 함께 일하기를 기대하고 있습니다.

오늘 우리는 코피 아난 사무총장이 평생 동안 국제사회의 공복으로서 헌신해온 데 대해 찬사를 보낸 것처럼 그러한 소명 자체에 대해서도 찬사를 보냅니다. 이 길은 좁고, 험난하며 국경과 당파적 이해를 초월합니다. 많은 사람들이 그 길을 걸어오면서 좌절하거나 쉬운 길로 돌아갑니다. 그러나 유엔헌장의 목적과 원칙에 따라 세계 전역에서 온 젊은이들이 남들이 가지 않은 이 길을 따르기를 열망하고 있고 그들의 열정과 이상이 향후 수십 년간 유엔에 활력을 불어넣을 것입니다.

존경하는 각국의 대표단 여러분.

저의 핵심 임무 중 하나는 지친 유엔 사무국에 새로운 삶이 숨 쉬게 하고 새로운 신념을 불어넣는 것일 것입니다. 유엔 사무총장으로서 저는 비서진들의 경험과 전문성을 최대한 활용하도록 하고, 그들의 재능과 기술에 대해 적절히 보상받도록 할 것입니다. 저는 훈련기회를 제공함으로써 인적자원 관리 및 경력개발을 위한 우리의 시스템을 개선할 것입니다. 유엔이 점점 더 전 세계적인 역할을 맡게 됨에 따라 유엔 직원들은 또한 더 활동적이고, 다기능적이어야 할 것입니다.

동시에 최고의 도덕적 기준을 정할 것입니다. 유엔이라는 이름은 가장 가치 있는 자산이자 가장 취약한 것이기도 합니다. 유엔헌장은 직원들에게 최고의 효율성과 능력, 성실성을 요구하고 있고 저는 이런 기준에 부합되도록 명성을 공고히 쌓도록 할 것입니다. 저는 여러분들께 스스로 모범을 보임으로써 유엔을 이끌어 나갈 것임을 다짐합니다. 저는 유엔 직원들 속에서 그들의 사기와 전문성, 책임성을 높이도록 일할 것이며 그렇게 하는 것이 우리가 회원국 대표들을 위해 더 잘 봉사하는 것과 유엔 조직 내에서 신뢰를 회복하는 것을 도울 것입니다.

우리는 모든 것을 한꺼번에 바꿀 수는 없습니다. 그러나 몇몇 영역에서 발전을 이룰 수 있고 그렇게 함으로써 더 많은 영역에서 발전할 수 있는 길을 만들 수 있을 것입니다. 그러기 위해선 집중적이고 지속적인 대화가 필요하며 또 투명하고 융통성 있고 정직하게 협력해 나가야 합니다. 열린 마음을 갖고 시작해 나가야 합니다. 동료 여러분들과 회원국 대표들이 이런 정신을 갖고 저와 함께 일해 나갈 것을 당부합니다.

제가 오늘 서약한대로, 저의 고유한 임무는 유엔과 유엔헌장 및 192개 회원국에 대한 것입니다. 유엔 사무국이나 회원국들은 모두 세계인들에게 책임을 지닙니다. 세계인들은 우리가 일부 사람들에게 비위를 맞추면서 다른 사람들의 절망적인 곤경을 외면한다면 유엔을 존경하지도 않을 것이고 유엔 사무총장을 용서하지도 않을 것입니다.

우리는 유엔의 3개 기둥인 안보와 개발, 인권을 강화함으로써 다음 세대를 위해 더 평화롭고 더 번영하고 더 정당한 세계를 만들 수 있을 것입니다. 우리가 그런 목표를 달성하기 위해 집단적인 노력을 경주해 갈 때 저의 최우선과제는 신뢰를 회복하는 것입니다. 저는 화합의 다리가 되도록 하겠습니다. 또 누구나 쉽게 다가올 수 있고, 열심히 일하며 유엔 직원 및 회원국들에게 경청할 준비가 돼 있는 사무총장으로 인정받기를 바랍니다.

저는 유엔이 유엔이라는 이름에 걸맞고 진정으로 단합할 수 있도록 저의 권한이 미치는 한 모든 일을 할 것입니다.

2006년 12월 15일

■ 세계 각 대학에서 받은 명예박사

- 2008년 미국 페어리디킨슨대학교 명예박사
- 2010년 러시아 모스크바국립국제관계대학교 명예박사
- 2010년 중국 난징대학교 명예박사
- 2015년 한국 이화여자대학교 여성학 명예박사
- 2016년 영국 케임브리지대학교 법학 명예박사
- 2016년 미국 로욜라메리마운트대학교 명예박사
- 2016년 미국 메릴랜드대학교(UMCP) 명예박사

■ 상 및 훈장, 인정

- 1975년 녹조근정훈장
- 1986년 홍조근정훈장
- 2001년 오스트리아 대훈장
- 2002년 브라질 리오 블랑코 대십자 훈장
- 2004년 코리아 소사이어티 밴 플리트 상
- 2006년 페루 태양 대십자 훈장
  제6회 자랑스런 한국인 대상 최고대상
  잡지인이 선정한 올해의 인물상
  헝가리 자유의 영웅메달
  알제리 국가유공훈장

　　　　한국 이미지 디딤돌상
- 2007년 제1회 포니정 혁신상
　　　　제9회 관악대상 영광 부문 (서울대 총동창회)
- 2008년 국제로타리 영예의 대상
　　　　필리핀 최고 시카투나 훈장
- 2009년 델리 지속 가능 개발에 관한 정상회담 지속가능 개발 지도자상
　　　　국민훈장 무궁화장
　　　　청조근정 훈장
- 2010년 UCLA 메달
- 2012년 제11회 서울평화상
　　　　올림픽 훈장 금정
　　　　미국 싱크탱크 애틀랜틱 카운슬 탁월한 국제 지도자상
- 2013년 전 세계에서 가장 영향력 있는 인물 중 32위 〈포브스〉
- 2014년 하버드대학교 올해의 인도주의자상
　　　　제23회 자랑스러운 서울대인상
- 2015년 티퍼래리 국제평화상
　　　　대한적십자사 인도장 금장
- 2016년 네덜란드 사자 기사 대십자 훈장
　　　　프랑스 레지옹 도뇌르(그랑 오피시에) 훈장
　　　　세계 주요 사상가 100인 등재 〈포린폴리시〉
- 2017년 국민훈장 무궁화장

세계 평화와 인권의 리더

반기문

초판 제1쇄 발행 2022년 2월 10일

지은이 선학평화상위원회
 서울시 마포구 마포대로 34 도원빌딩 8층 T. 02-3278-5152 F. 02-3278-5198

펴낸이 김현주

펴낸곳 섬앤섬

출판신고 2008년 12월 1일 제396-2008-000090호
주　소 경기도 고양시 일산동구 백석로 119, 210-1003호
전　화 070-7763-7200
팩　스 031-907-9420
전자우편 somensum@naver.com
인　쇄 광일인쇄기업사

ISBN 978-89-97454-48-8 03340

이 책의 저작권은 저자와 선학평화상재단에 있으며 출판권은 섬앤섬 출판사에 있습니다. 무단 전재와 복제를 금하며, 내용 중 일부 또는 전체를 사용하고자 할 경우 저작권자와 출판사의 사전 서면 동의를 받아야 합니다.